Stundenblätter
Imperialismus und Erster Weltkrieg
Neubearbeitung

Hartmut Müller

Stundenblätter Imperialismus und Erster Weltkrieg

Sekundarstufe I

Neubearbeitung

Beilagen:
31 Seiten Stundenblätter
+ 12 Arbeitsblätter zum Kopieren

Ernst Klett Verlag für Wissen und Bildung
Stuttgart · Dresden

Die Stundenblätter Geschichte/Gemeinschaftskunde
werden herausgegeben
von Gerhart Maier und Hans Georg Müller

Gedruckt auf Papier, welches aus Altpapier hergestellt wurde.

Die Deutsche Bibliothek – CIP-Einheitsaufnahme

Müller, Hartmut:
Stundenblätter Imperialismus und Erster Weltkrieg:
Sekundarstufe I / Hartmut Müller. – Neubearb., 3. Aufl. –
Stuttgart; Dresden: Klett, Verlag für Wissen und Bildung, 1995
(Stundenblätter Geschichte/Gemeinschaftskunde)
ISBN 3-12-927799-4

3. Auflage 1995

Satz: G. Müller, Heilbronn; W. Röck, Weinsberg
Druck: W. Röck, Weinsberg
Einbandgestaltung: Zembsch' Werkstatt, München
ISBN 3-12-927799-4

Inhalt

I Vorwort

Das vorliegende Heft will dem Lehrenden praxisnahe Hilfen anbieten bei der Vorbereitung und Gestaltung eines themenbezogenen Geschichtsunterrichts.
Diese Hilfe geschieht auf drei Ebenen: Ein kurzer Überblick über wichtige wissenschaftliche Literatur zum Thema „Imperialismus und Erster Weltkrieg" und einige zentrale Informationen über den Stand der wissenschaftlichen Diskussion dienen als Grundlage und Ausgangsbasis; eine Übersicht über relevante Materialien, wie sie in gängigen Quellensammlungen und Lehrbüchern zu finden sind, zeigt den möglichen Planungsrahmen für den Ablauf des Unterrichts; die Überlegungen zur Didaktik sollen die Beziehung zwischen historischem Stoff und den angestrebten Lernzielen erhellen.
Die einzelnen Stunden sind in der Weise zu einer Sequenz verbunden, daß eine sachlich begründete, in sich folgerichtige Unterrichtseinheit entsteht, die grundlegende Strukturen und Probleme des Gegenstands sichtbar macht. Diese Unterrichtsfolge ist aber nicht als starres Schema oder als bindendes Unterrichtsprogramm zu verstehen. Alternativvorschläge, Ergänzungen, Exkurse und Kürzungsvorschläge geben dem Lehrer freie Hand bei der Veränderung der einzelnen Stunden und bei der Abwandlung der Stundenfolge. Somit werden die vorgeschlagenen Strukturelemente auch für eine abweichende Konzeption und für eine andere Anordnung frei verfügbar.
Die Stundenblätter wollen nicht einem konfektionierten Unterricht Vorschub leisten, der die jeweils verschiedenen Interessen der Schüler und ihre Beteiligung an der Planung und Gestaltung der Stunde ignoriert und keinen Raum läßt für Spontaneität und sinnvolle Improvisation. Auch das vorliegende Heft will in erster Linie als offenes Modell, als Entwurf, als Vorschlag und Anregung verstanden werden. Schon die Tatsache, daß für das Thema die maximale Zahl von sechzehn Stunden angesetzt ist, macht deutlich, daß der Lehrer aufgefordert ist, das Modell abzuwandeln, umzustellen, anders zu akzentuieren und zu konzentrieren, entsprechend der konkreten Unterrichtssituation und in Übereinstimmung mit seinem eigenen wissenschaftlichen Standpunkt.

Zur Neubearbeitung

Die vorliegende, vollständig überarbeitete Auflage berücksichtigt die neueste fachwissenschaftliche Literatur zum Thema und bringt darüber hinaus folgende Änderungen, die der unterrichtspraktischen Brauchbarkeit des Heftes insgesamt zugute kommen: Eine schematische Übersicht über die einzelnen Stunden gibt Auskunft über die strukturelle Konzeption der Unterrichtseinheit, die ausführliche Zeittafel zur Geschichte der behandelten Epoche ermöglicht dem Unterrichtenden eine rasche Orientierung (S. 17), die wichtigeren Quellentexte sind jetzt auf ausgearbeiteten Arbeitsblättern – Hektographievorschlägen und Kopiervorlagen – abgedruckt und werden mit Hilfe von vorgegebenen Fragenkatalogen erschlossen; besonderes Gewicht wurde auf die Erstellung und Gestaltung von Folien gelegt, neue Vorschläge zur Verwendung von Hausaufgaben bieten Alternativen zur herkömmlichen Aufgabenstellung; zusätzliche Hinweise auf Bildmaterialien, Dias und Unterrichtsfilme ergänzen die Vorschläge für den Einsatz von Medien.

II Fachwissenschaftliche Aspekte

1. Der Prozeß der imperialistischen Expansion der hochindustrialisierten Großmächte Europas, der USA und Japans, der sich am Ende des 19. und zu Beginn des 20. Jahrhunderts vollzog, veränderte das Gesicht der Welt in entscheidender Weise. Auch heute noch belastet die imperialistische Vergangenheit der großen Industrienationen die Beziehungen zwischen ihnen und den Ländern der Dritten Welt. Für die unterentwikkelten Völker spielt der Begriff Imperialismus „die Rolle eines förmlichen Gegenbegriffs zur Nationsidee..." (Wolfgang J. Mommsen, Der moderne Imperialismus, Stuttgart 1971, S. 7f.). In diesem Schlagwort sind für sie alle politischen und wirtschaftlichen Kräfte symbolisiert, die sie auf ihrem Weg zur wirtschaftlichen Autonomie und zur vollen nationalen Existenz behindern.

2. Ursprünglich bezeichnete „Imperialismus" die cäsaristische Herrschaft eines Imperators über ein großes Reich. Doch bald erhielt der Begriff einen negativen Akzent, er wurde zur Waffe im Arsenal der politischen Propaganda. Im Jahre 1791 wurde das Wort „imperialisme" in der Zeitung „Moniteur" verwendet; damit sollte die Geisteshaltung der Anhänger des habsburgischen Kaiserhauses charakterisiert werden. Wenig später tauchte die Bezeichnung „imperialism" in der englischen Presse auf. Mit dieser Formulierung wollten englische Kritiker die auf äußere Wirkung berechnete Politik Napoleons III. bloßstellen. (Elisabeth Erdmann, Römischer „Imperialismus" – Schlagwort oder Begriff? In: GWU 1977, 8). Manche Historiker, darauf hat E. Erdmann hingewiesen, verwenden auch heute noch den Begriff Imperialismus für Phänomene aus dem Bereich der antiken Geschichte. Nach ihrem Sprachgebrauch waren z.B. Griechenland unter Alexander d.Gr. und das Rom der Kaiserzeit die erfolgreichsten imperialistischen Mächte der damaligen Zeit.

3. Wenn man sich auf die großen Linien beschränkt, kann man die Theorien über die Entstehung und das Wesen des klassischen Imperialismus in zwei Gruppen zusammenfassen. Die erste Gruppe der Historiker ist davon überzeugt, daß ein einzelner Faktor ausschlaggebend und bestimmend ist für das Phänomen des Imperialismus. Die zweite Gruppe versucht, den Imperialismus aus mehreren Motiven zu erklären, wobei die verschiedenen Faktoren jeweils anders kombiniert und akzentuiert werden.

4. Eine monokausale Erklärung der imperialistischen Expansion vertreten die Exponenten der ökonomischen Imperialismustheorie. Ihr großes Vorbild war der Wirtschaftstheoretiker J. A. Hobson. Seine Ideen gründeten sich auf die Überzeugung, daß es in den kapitalistischen Staaten auf Grund ihrer besonderen Sozialstruktur, die eine Vergrößerung des Einkommens der breiten Masse verhindere, zu einer Ansammlung von anlagesuchendem Kapital komme. Deswegen suchten die Kapitalisten mit Hilfe ihrer nationalen Regierungen nach neuen Investitionsmöglichkeiten in überseeischen Ländern. „Damit kommen wir zu dem Schluß: Imperialismus ist das Bestreben der großen Industriekapitäne, den Kanal für das Abfließen ihres überschüssigen Reichtums dadurch zu verbreitern, daß sie für Waren und Kapitalien, die sie zu Hause nicht absetzen oder anlegen können, Märkte und Anlagemöglichkeiten im Ausland suchen." (John A. Hobson, Imperialism. A Study, dt.: Der Impe-

rialismus, hrsg. von H. Chr. Schröder, Köln und Berlin 1968. Zitiert nach Peter Alter, Der Imperialismus. Grundlagen – Probleme – Theorien. Stuttgart 1979, S. 83.) Für Rosa Luxemburg war ein entscheidendes Element des Imperialismus der Prozeß „der Kapitalakkumulation in ihrem Konkurrenzkampf um die Reste des noch nicht mit Beschlag belegten nichtkapitalistischen Weltmilieus". (R. Luxemburg, Die Akkumulation des Kapitals. Ein Beitrag zur ökonomischen Erklärung des Imperialismus. Berlin 1913. Neudruck Frankfurt 1966. Zitiert nach Alter, Der Imperialismus, S. 86.) Lenin setzte Imperialismus mit Kapitalismus gleich, ohne Rücksicht darauf, ob die als imperialistisch bezeichnete Nation ihre Herrschaft ausweitete oder nicht. „Wäre eine möglichst kurze Definition des Imperialismus erforderlich, so müßte man sagen, daß der Imperialismus das monopolistische Stadium des Kapitalismus ist." (W. I. Lenin, Sämtliche Werke, Bd. 19, Wien/Berlin 1930, S. 167f.) Hallgarten (George W. F. Hallgarten, Vom Imperialismus zum Wettkampf der Überstaaten. In: Das Schicksal des Imperialismus im 20. Jahrhundert, Frankfurt 1969, S. 137ff.) kritisierte Lenins Theorie mit folgenden Argumenten: 1. Lenin liefere keine Erklärung für die Entwicklung des Imperialismus in seiner Frühzeit, 2. er habe die Art der imperialistischen Entwicklung in den beteiligten Staaten nicht untersucht, 3. er berücksichtige nicht die Beziehung zwischen Imperialismus und Außenpolitik.

Alle diese rein wirtschaftlichen Erklärungsversuche des Imperialismus, die am Modell Englands und seiner wirtschaftlichen Situation am Ende des 19. und zu Beginn des 20. Jahrhunderts orientiert sind, erweisen sich nach der Überzeugung von Mommsen als nicht stichhaltig (W. J. Mommsen, Das Zeitalter des Imperialismus FWG Bd. 28 1969, S. 18), denn, so wies er nach, in diesem Zeitraum waren zwar die Investitionen Englands in Übersee sehr stark angewachsen, während der Binnenmarkt stagnierte. Aber etwa die Hälfte dieser Summen wurde in den britischen Dominien und Kolonien angelegt und nur ein kleiner Teil in den neuerworbenen Kolonialgebieten, mit anderen Worten, „... die ökonomische Wirklichkeit strafte die ökonomische Imperialismustheorie Lügen".

5. Die Imperialismusforscher der zweiten Gruppe legten das Schwergewicht ihrer Argumentation nicht auf den ökonomischen Aspekt des Imperialismus. Sie bezogen sich auf eine Vielfalt von Faktoren, die sie in der damaligen historischen Wirklichkeit entdeckten, wobei sie bei ihren pluralistischen Erklärungsmodellen häufig unter den als wichtig angesehenen Motiven einen zentralen Faktor besonders betonten.
Heinrich Friedjung (Das Zeitalter des Imperialismus 1884–1914, Bd. 1, Berlin 1919, S. 4f.) stellte eine psychologische Komponente in den Vordergrund seiner Argumentation. Nach seiner Überzeugung ergriff eine neue Leidenschaft die Völker zur Zeit des Imperialismus: „... sie strebten aus der Heimat in die Weltweite und erfanden für diese alte, aber niemals gleich mächtige Begierde den tönenden Namen Imperialismus." J. A. Schumpeter (Zur Soziologie der Imperialismen. Neudruck in: Schumpeter, Aufsätze zur Soziologie, Tübingen 1953, S. 118ff.) betrachtete den Imperialismus in erster Linie als ein atavistisches Phänomen aus der Zeit des absoluten Fürstenstaats, als eine Wiederbelebung kriegerischer Energien aus früheren Epochen. Mommsen sah „... die primären Ursachen des Imperialismus jener Epoche ... in dem Nationalismus eben jener Schichten ..., welche im Zuge der Entwicklung der industriellen Gesellschaft nach oben getragen wurden, nicht aber in vermeintlich objektiven Bedürfnissen des Kapitalismus nach überseeischen Märkten ..." (a.a.O., S. 19) Hans Ulrich Wehler (Sozial-

imperialismus. In: H. U. Wehler [Hrsg.], Imperialismus, Köln und Berlin ^{2}1972, S. 85f.) erklärte die imperialistische Bewegung aus einer Verbindung industrieller Dynamik mit einer Politik, die den Imperialismus als Mittel zur sozialen und politischen Integration einsetzen wollte. In der internationalen Rivalität der beteiligten Mächte glaubte Winfried Baumgart die „Hauptschubkraft" des Imperialismus gefunden zu haben. (Der Imperialismus. Idee und Wirklichkeit der englischen und französischen Kolonialexpansion 1880–1914, Wiesbaden 1975, S. 128ff.)

Die meisten Vertreter einer pluralistischen Imperialismustheorie stimmen jedoch darin überein: Technische Neuerungen, wirtschaftliche Bedürfnisse, nationalistisches Geltungsstreben, das Sendungsbewußtsein der weißen Rasse – alle diese Faktoren wirkten zusammen als Antriebskräfte imperialistischer Politik. Strittig bleibt allerdings die Antwort auf die Frage nach der Gewichtung der Faktoren, nach der *grundlegenden* Antriebskraft. Theodor Schieder (Staatensystem als Vormacht der Welt 1848–1918, Frankfurt – Berlin – Wien 1977, Propyläen Geschichte Europas, Bd. 5, S. 256f.) ist davon überzeugt, daß sich einheitliche Motive für die imperialistische Politik der Staaten nicht finden lassen, weil diese Motive im allgemeinen in einem Mischverhältnis auftreten. Je nach dem Vorrang der wirkenden Faktoren müsse man verschiedene Typen des Imperialismus unterscheiden, z.B.: Wirtschaftsimperialismus (Großbritannien, Holland), politische Herrschaft (Großbritannien in China, in der Türkei und in Ägypten), Siedlungsimperialismus (Rußland in Zentralasien und in Sibirien), nationaler Prestigeimperialismus (Deutschland, Italien) und traditioneller Machtstaatenimperialismus (Frankreich).

6. In den letzten Jahren ist in der Imperialismusdiskussion ein anderer Aspekt in den Vordergrund gerückt, der sogenannte Sozialimperialismus. Dieser Terminus wird in zwei Bedeutungen verwendet. Man versteht darunter 1. den Versuch, durch eine weltpolitische Orientierung des Staates die Arbeiterschaft in sozialer und politischer Hinsicht in diesen Staat zu integrieren (Naumann, Max Weber u.a.), 2. eine nationale Ablenkungsstrategie, die darauf bedacht ist, Reformbestrebungen im Innern durch Großmacht- und Weltmachtspläne zu blockieren und somit den status quo zu erhalten. (Vgl. K. D. Erdmann, Der Erste Weltkrieg. In: Gebhardt, Handbuch der deutschen Geschichte, Bd. 18, dtv München 1980, S. 63f.)

In den Wirtschaftskrisen nach 1873 suchten Industrie und Landwirtschaft eine Ausdehnung des Waren- und Kapitalexports über die nationalen Grenzen hinweg, um einen Ausweg aus ihrer schwierigen Situation zu finden. Die ökonomischen Erschütterungen, die die Gesellschaft in Mitleidenschaft zogen, sollten durch eine Expansionspolitik gemildert werden: „Der Sozialimperialismus erkannte in dem sozialökonomischen Transformationsprozeß, der die Industrialisierung vorantrieb und während der Konjunkturschwankungen schmerzhaft verschärfte, eine tödliche Gefahr für die überkommene Gesellschaftsordnung ... In der Expansion nach außen glaubte er, ein Heilmittel zu finden, das den Markt erweiterte, die Wirtschaft sanierte, ihr weiteres Wachstum ermöglichte, die Gesellschaftsverfassung damit ihrer Zerreißprobe entzog und die inneren Machtverhältnisse aufs neue stabilisierte." (H. U. Wehler, Sozialimperialismus a.a.O., S. 85.)

7. Alle diese Aspekte, Voraussetzungen und Bedingungen des Imperialismus machen deutlich, daß sich der moderne Imperialismus von der Ausdehnungspolitik antiker Mächte, aber auch von der europäischen Kolonialpolitik früherer Zeiten wesentlich unterscheidet. Der Erwerb von Kolonien in den vergangenen Jahrhunderten interessier-

te in erster Linie Kaufleute, Militärs oder Wissenschaftler, dieser Vorgang stand aber nicht im Zentrum der nationalen Politik, es handelte sich eher um ein peripheres Phänomen. Erst seit dem Beginn der 80er Jahre des 19. Jahrhunderts wurde „die außereuropäische Expansion für die meisten europäischen Großmächte ... ein erstrangiges Problem". (Th. Schieder, Staatensystem als Vormacht der Welt 1848–1918, a.a.O., S. 250.) Diese gleichsam programmatische imperialistische Politik wurde unterstützt durch den Nationalismus des Groß- und Bildungsbürgertums, aber sie war auch getragen von der Zustimmung breiter Volksschichten.

Es besteht ein gewisser Konsens darüber in der Forschung, daß der Begriff Imperialismus erst von dem Zeitpunkt an benutzt werden sollte, als die erste europäische Industriemacht, Großbritannien, ihre Herrschaft über weite Gebiete in Übersee ausdehnte. Englands Oberherrschaft über Ägypten (1882) und die Besetzung Tunesiens durch Frankreich (1881) markieren für viele Historiker den Beginn des imperialistischen Zeitalters.

8. Die meisten Definitionen des modernen Imperialismus (Hallgarten, Wehler, Mommsen, Schieder, Görlitz, Herzfeld u. a.) stimmen in folgenden Punkten überein: 1. Imperialismus bezeichnet die Expansionspolitik und die Form der Herrschaft der hochindustrialisierten Nationen über unterentwickelte Völker in Afrika, Asien und Lateinamerika, 2. der Höhepunkt dieser Expansion lag in den Jahrzehnten des hochkapitalistischen Systems vor dem Ersten Weltkrieg.

In der neueren historischen Forschung wurde diese Definition noch weiter differenziert, man unterscheidet die formelle, d. h. die unmittelbare politische Machtkontrolle über ein bestimmtes Gebiet mit seiner einheimischen Bevölkerung, von der informellen imperialistischen Herrschaft. Dieser Begriff umfaßt die Vielfalt mittelbarer, indirekter Abhängigkeitsverhältnisse in der Beziehung zwischen imperialistischen Nationen und den von ihnen kontrollierten Völkern.

9. Erst relativ spät beteiligte sich das Deutsche Reich an der Aufteilung der Welt unter die imperialistischen Nationen. Bismarck war ursprünglich gegen eine expansionistische Politik Deutschlands, er sah Konflikte und Reibungen mit den anderen europäischen Großmächten voraus, die die Sicherheit des neuentstandenen deutschen Nationalstaats bedrohen könnten. Sein außenpolitisches Hauptziel bestand darin, eine Gesamtsituation zu schaffen, „in welcher alle Mächte außer Frankreich unser bedürfen und von Koalitionen gegen uns durch ihre Beziehungen zueinander nach Möglichkeit abgehalten werden". (Kissinger-Diktat vom 15. 6. 1877, zitiert nach Th. Schieder, Europa im Zeitalter der Nationalstaaten und europäische Weltpolitik bis zum Ersten Weltkrieg 1870–1918. In: Handbuch der europäischen Geschichte, Bd. 6, S. 66.)

Seine Nachfolger aber wollten die Großmachtstellung Deutschlands zu einer Weltmachtstellung ausbauen, das Deutsche Reich erhob einen Anspruch auf Weltmachtpolitik und trat in die Reihe der miteinander rivalisierenden Weltstaaten ein. Die antagonistische Struktur dieser imperialistischen Politik führte zu Krisen und Auseinandersetzungen zwischen den europäischen Staaten, zu einem weltweiten Fatalismus, der mit der Notwendigkeit einer kriegerischen Auseinandersetzung rechnete, zu Blockbildungen und zu einem allgemeinen Wettrüsten.

In Deutschland zeigte sich ein entscheidender Kurswechsel durch die Nichterneuerung des Rückversicherungsvertrags mit Rußland und durch eine forcierte Flottenrüstung, die zu einer schweren Belastung des deutsch-englischen Verhältnisses führte. „Das Ver-

fehlen einer deutsch-englischen Verständigung war eine der Hauptursachen des Ersten Weltkriegs." (Th. Schieder, Staatenbeziehungen und Diplomatie vor dem Ersten Weltkrieg 1890–1914, a.a.O., S. 123.)
Bedrohlich erschienen den europäischen Großmächten auch die Aktivitäten Deutschlands im Nahen Osten. Deutsche Firmen erhielten die Konzession zum Bau der Bagdadbahn, zuerst auf einer Strecke zwischen Konstantinopel und Ankara; später sollte die Anatolische Bahn bis Bagdad weitergeführt werden. Eine Kontrolle der Türkei durch das Deutsche Reich hätte Englands Landbrücke nach Indien bedroht und Rußlands panslawische Ziele gefährdet. Nach der Überzeugung George Lichtheims war die deutsche Interessenpolitik in der Türkei bedeutungsvoller und folgenreicher für die internationalen Beziehungen vor dem Ersten Weltkrieg als die deutschen Kolonialexpansion in Afrika. „Denn das Hauptziel der deutschen Außenpolitik während der wilhelminischen Ära nach 1890 war nicht Afrika, sondern Mitteleuropa und daneben die Türkei. Die afrikanischen Kolonien zählten nur im diplomatischen Spiel, während die Türkei lohnenden Gewinn versprach. ... So setzte Deutschland auf ein Imperium und verband dadurch Rußland und England gegen sich." (G. Lichtheim, Imperialismus, dtv. München 1972, S. 87)

10. Die Vorgeschichte des Ersten Weltkriegs, vor allem die deutsche Politik vor und während des Krieges, war ein zentrales Thema der deutschen historischen Forschung in den Jahren nach 1920. Man wollte vor allem die Kriegsschuldthese des Versailler Vertrages (§ 231) durch wissenschaftliche Argumente entkräften. Nach dem Zweiten Weltkrieg flammte die Diskussion um die Verantwortlichkeit der deutschen Politik am Ausbruch des Ersten Weltkriegs erneut auf. Die relative Unschuld des Deutschen Reiches wurde vor allem durch Fritz Fischer und seine Schule in Frage gestellt (F. Fischer, Griff nach der Weltmacht, Düsseldorf 1967; ders., Krieg der Illusion – Die deutsche Politik von 1911 bis 1914, Düsseldorf 1969). Fischer ist davon überzeugt, daß der Erste Weltkrieg von den Verantwortlichen in Deutschland eindeutig als Präventivkrieg begonnen wurde, um den immer stärker werdenden Gegnern zuvorzukommen und „die deutschen politischen Ziele, die sich unter dem Begriff der Hegemonie Deutschlands über Europa subsumieren lassen, durchzusetzen" (Krieg der Illusionen, a. a. O., S. 682). Der Dissens der Forschung in dieser Frage wird besonders deutlich bei der Bewertung des sogenannten Kriegsrates vom 8. Dezember 1912. K. D. Erdmann wies auf den informellen Charakter dieser Besprechung hin, die in Abwesenheit des verantwortlichen Reichskanzlers erfolgte. (In: Gebhardt, Bd. 18, S. 70f.)
Ein weiterer Forschungsschwerpunkt ist die Kriegszielprogrammatik. Nach Fischers Meinung macht Bethmann Hollwegs September-Programm vom 9. 9. 1914 klar, daß die maßgeblichen Kreise in Deutschland aus Militär, Politik und Wirtschaft planmäßig auf die Vorherrschaft in Europa als Vorstufe für eine deutsche Weltmachtstellung hinarbeiteten. Diese These versuchte u. a. Ritter zu entkräften. Mit Argumenten von unterschiedlichem Gewicht wies er auf den defensiven Charakter des Programms hin, das die Sicherung des Deutschen Reiches bezweckte und das mit seinen recht weitreichenden Forderungen und Bedingungen in erster Linie die Pressionen einflußreicher gesellschaftlicher Kräfte berücksichtigte (G. Ritter, Staatskunst und Kriegshandwerk, Bd. III, München 1964, S. 45ff.). Es ist unbestritten, daß fast alle kriegführenden Nationen mit ihren Kriegszielprogrammen nicht nur die Sicherung des status quo anstrebten, sondern daß sie darüber hinaus durch Arrondierungen und Schaffung wirtschaftlicher Abhängigkeiten nach bewährtem imperiali-

stischem Muster eine zukünftige Bedrohung ihrer Machtstellung ausschalten wollten. Daß Bethmann Hollweg nicht auf den großen Krieg hinarbeitete, sondern mit einem lokalen bewaffneten Konflikt rechnete, der allerdings auch nach seiner Einschätzung die Gefahr eines europäischen Krieges in sich barg, zeigt ein oft zitierter Eintrag im Tagebuch seines engen Mitarbeiters Kurt Riezler, dem er seine Theorie des „kalkulierten Risikos" erläuterte. Der Reichskanzler befürwortete eine rasche Strafaktion Österreichs gegen Serbien und eine anschließende diplomatische Beschwichtigungsaktion gegenüber der Entente: „ein fait accompli und dann freundlich gegen die Entente, dann kann der choc ausgehalten werden" (K. Riezler, Tagebücher, Aufsätze, Dokumente, hrsg. von K. D. Erdmann, Göttingen 1972, Eintrag vom 8. 7. 1914).

11. Alle Staatsmänner der damaligen Zeit waren mehr oder minder verantwortlich für den Ausbruch des großen Krieges, aber nach vorherrschender Meinung tragen die Vertreter zweier Mächte eine größere Schuld: Die Deutschen, weil sie durch den Einmarsch in Belgien England herausforderten und somit einen allgemeinen europäischen Krieg einkalkulierten (in der juristischen Fachsprache als „bedingter Vorsatz" [dolus eventualis] bezeichnet. Vgl. das Gutachten des Strafrechtlers H. Kantorowicz zur Kriegsschuldfrage 1914. Zitiert in Gebhardt, Handbuch der deutschen Geschichte, Bd. 18, S. 98), und auch die Russen, weil sie durch ihre übereilten militärischen Maßnahmen die Kriegsmaschine erst in Gang setzten.

12. Auf die politische Bedeutung des Ersten Weltkriegs hat Correlli Barnett hingewiesen: „. . . der Krieg ist der große Rechnungsprüfer der Institutionen. Der Erste Weltkrieg enthüllte beispielsweise erbarmungslos die wirtschaftliche und gesellschaftliche Überalterung Frankreichs, die Kluft zwischen technologischer Differenziertheit und politischer Primitivität in Deutschland, den industriellen Niedergang Großbritanniens. Er endete, indem er am Maßstab Amerikas die Zwergenhaftigkeit selbst der stärksten europäischen Mächte offenbarte" (C. Barnett, Anatomie eines Krieges, München und Esslingen 1963, Vorwort). Die geschichtliche Gestalt des alten Europas wurde zerstört, das europäische Staatensystem durch den Zusammenbruch Habsburgs und des Zarenreichs entscheidend verändert. Europa hatte seine dominierende Rolle in der Welt ausgespielt. Der Krieg beschleunigte alle Demokratisierungsprozesse in den europäischen Staaten. Durch den Eintritt der USA in den Krieg hatte ein weltweiter Kampf um die Demokratie begonnen. Die Niederlage der Mittelmächte zeigte die innenpolitische Schwäche scheinkonstitutioneller Monarchien und die größere Stabilität der westlichen Demokratien.

III Didaktische Überlegungen

Zur Erschließung des Themas werden die verschiedensten Unterrichtsmittel (audiovisuelle Mittel, Statistik, Diagramm, Tonbildreihe, Schallplatte), Darbietungs- und Erarbeitungsmöglichkeiten (Diskussion, Geschichtserzählung, Schülerreferat, Lehrervortrag, Partner-, Still- und Gruppenarbeit) vorgeschlagen. Der besondere Schwerpunkt liegt aber auf der Quellenarbeit. Die Schüler sollen sich ein eigenes Urteil bilden und dazu befähigt werden, in bescheidenem Rahmen kontroverse Standpunkte durch Analyse historischer Zeugnisse zu begründen oder zu verwerfen.

Die vorgeschlagenen Gesprächsimpulse, Fragen und Aufgaben, die natürlich nur einen Teil der Auswertungsmöglichkeiten erfassen können, sollen die eigenen Fragen der Schüler nicht ersetzen, sondern ergänzen. Deshalb ist es wichtig, daß diese immer wieder aufgefordert werden, Probleme zu formulieren und Fragen an die Texte zu stellen, ehe sie mit vorgegebenen Arbeitsaufträgen konfrontiert werden. Auch die Zeittafeln mit ihren absichtlich sehr knapp gehaltenen Informationen sind so angelegt, daß sie Fragen nach Zusammenhängen und Hintergründen herausfordern.

Doch wäre es sicher unrealistisch, wenn man auf eine gewisse Steuerung des Unterrichtsprozesses verzichten wollte. Besonders bei der Lösung schwieriger Probleme sind wohl, gerade auf der Mittelstufe, vom Lehrer vorgegebene Fragen und Aufgaben unerläßlich. Das Prinzip des erarbeitenden Unterrichts kann nach unserer Meinung nicht konsequent durchgehalten werden, lehrerzentrierte Unterrichtsformen (Erzählung, Informationsvermittlung, Fragen) haben durchaus ihre Berechtigung, damit allzuviele Umwege vermieden und solide historische Kenntnisse gesichert werden. Die hier vorgeschlagenen Lehr- und Lernverfahren orientieren sich an einem variablen System: Abstraktion und Konkretion wechseln sich ab, das im Vordergrund stehende entdeckende Lernen hat ebenso seine Funktion wie das sinnvolle rezeptive Lernen, neben dem fragend-forschenden Arbeitsunterricht hat auch die episch-narrative Unterrichtsform ihre Berechtigung.

Die Aktivität der Schüler wird auch im Umgang mit dem jeweiligen Lehrbuch erwartet, es dient nicht nur zur Wiederholung der behandelten Themen. Die Schüler informieren sich darüber hinaus selbständig über gewisse Zusammenhänge, fassen das Ergebnis schriftlich zusammen, bringen dieses erarbeitete Wissen in den Unterricht der folgenden Stunde ein und tragen so zur Lösung des gestellten Problems bei.

Die Unterrichtseinheit ist so konzipiert, daß in der ersten Stunde die zentralen Probleme vorgestellt, Hypothesen formuliert und in den folgenden Stunden durch die Auswertung des vorgegebenen Materials diese bestätigt oder auch revidiert werden. Durch die als vorläufig und unvollständig erkannten Lösungsvorschläge entsteht eine gewisse weiterführende Funktionalität, die auf die vollständige begriffliche Erfassung der verschiedenartigen Aspekte des historischen Phänomens und damit auf die umfassende Lösung des Problems drängt. So ist die Struktur des Unterrichtsmodells durch zwei einander überschneidende Spannungsbögen bestimmt: Schrittweise wird eine vollständige Definition des Begriffs Imperialismus erarbeitet (Stunde 1–7), und gleichzeitig wird die Beziehung zwischen Imperialismus und Weltkrieg Zug um Zug immer deutlicher (Stunden 1–13).

Drei übergeordnete Themen und Bezugspunkte werden in den einzelnen Stunden von verschiedenen Seiten aus beleuchtet:

1. Die Beziehung zwischen Illusion und Realität, genauer, die Verkennung der Realität durch politisches Wunschdenken in Deutschland wird sichtbar gemacht (Stunden 2, 9, 10, 12/13, 15, 16).
2. Die relative Berechtigung entgegengesetzter politischer Standpunkte soll durch eine differenzierende Darstellung deutlich werden (z. B. das „Janusgesicht" des Imperialismus in der 4. Stunde, vgl. auch die Stunden 5 und 6).
3. Die Problematik monokausaler Erklärungen historischer Phänomene wird thematisiert (Kritik der Leninschen Imperialismuskritik in Stunde 3; in den Stunden 7, 13, 16 werden Beispiele multikausaler Erklärungen gegeben).

Im Hinblick auf die Forderungen der Lehrpläne für die Mittelstufe werden folgende inhaltliche Schwerpunkte vorgeschlagen:

1. Technische und wirtschaftliche Voraussetzungen des Imperialismus
2. Der Aufbau des englischen Empire
3. Methoden, Formen und Strukturen imperialistischer Herrschaft
4. Die Disparität zwischen gesellschaftlicher und politischer Wirklichkeit im Deutschen Reich
5. Die Julikrise 1914

Der vorgeschlagenen Auswahl liegen folgende Überlegungen zugrunde:

1. Die technischen Erfindungen in der zweiten Hälfte des 19. Jahrhunderts bewirkten eine qualitative Veränderung der Wirtschafts- und Sozialverhältnisse. Die 2. industrielle Revolution war eine wichtige Antriebskraft imperialistischer Politik, denn die Macht des Staates wurde mit Hilfe der Technik und des entwickelten Industriesystems gesteigert, die Gesellschaft wurde durch diese Entwicklung mobilisiert. Diese Mobilisierung ergriff schließlich die Staaten selbst, sie drängten aus Europa hinaus. So gesehen ist der Imperialismus „nur das Ventil für innere Veränderungen und Umwandlungen, gleichsam die politische Form, in der die industrielle Revolution von Europa aus die ganze Welt erfaßt" (Th. Schieder, Europa im Zeitalter der Nationalstaaten und europäische Weltpolitik bis zum I. Weltkrieg 1870–1918. In: Handbuch der europäischen Geschichte, Bd. 6, S. 5).
2. Am Beispiel Englands kann den Schülern modellhaft gezeigt werden, mit welchen Methoden sich die führende Wirtschaftsmacht Europas ein Weltreich schuf.
3. Gleichzeitig aber leistete die Methode der Assoziation und die Strategie der indirekten Herrschaft Englands in einem dialektischen Prozeß der späteren Emanzipation vormals abhängiger Völker des Empire Vorschub. Schließlich wäre auch die Argumentation der sowjetischen Politik in unserer Zeit ohne eine genauere Kenntnis der Integrationsmethode des russischen Imperialismus in der Vergangenheit für uns nicht verständlich.
4. Im Gegensatz zu Großbritannien als dem großen Vorbild aller imperialistischen Nationen und im Gegensatz zu den großen westlichen Demokratien konnte im Wilhelminischen Deutschland kein Ausgleich zwischen den Anforderungen des industriellen Massenzeitalters und der Verfassungswirklichkeit gefunden werden. Es fehlte in Bismarcks „zusammengeflicktem Reich" ein demokratisch legitimiertes Parlament und die ihm verantwortliche Zentralregierung. Deswegen war ein vernünftiger Ausgleich der Sonderinteressen allenfalls „über die Hintertreppe" möglich (Hallgarten, Das Schicksal des Imperialismus im 20. Jahrhundert a. a. O., S. 120). Das zeigte sich z. B. an der Überlegenheit der militärischen über die politische Führung. Nicht zuletzt auf-

grund dieser innenpolitischen Labilität erwies sich die Basis für die angestrebte Weltmachtstellung Deutschlands als zu schmal.

5. Als letzter Schwerpunkt wird die Behandlung der Julikrise von 1914 aus folgendem Grund empfohlen: Die unmittelbare Vorgeschichte des Ersten Weltkriegs ist wahrscheinlich die am besten bezeugte Vorgeschichte eines Krieges überhaupt. Hier können die Schüler erkennen, wie durch Aktionen und Reaktionen der verantwortlichen Politiker gleichsam ein Zahnrad ins andere greift, bis sich schließlich die ungeheure Kriegsmaschinerie in Gang setzt. Die Antwort auf die Frage: Welche Maßnahmen hätten den Kriegsausbruch verhindern können? ist im Sinne einer immanenten Friedenspädagogik von besonderem Gewicht.

Das Thema „Imperialismus und Erster Weltkrieg" kommt aus verschiedenen Gründen den Interessen der Schüler entgegen. Durch die weltgeschichtlichen Aspekte rükken eine Reihe außereuropäischer Völker mit ihren fremden Kulturen ins Blickfeld der Schüler; verschiedene Perspektiven, soziale, technische, wirtschaftliche, diplomatische, ideologische, verfassungsgeschichtliche und biographische Faktoren werden aufgezeigt, die das Syndrom Imperialismus bestimmen. Dazu kommt der aktuelle Bezug, der die Schüler motivieren kann: Der Nord-Süd-Konflikt, das Komplizierte und in sich Widersprüchliche in den gegenwärtigen Beziehungen zwischen den Industrieländern und den unterentwickelten Staaten der Dritten Welt; das Verhältnis Chinas zu Rußland und die sowjetische Asienpolitik haben ihre historischen Wurzeln im Zeitalter des Imperialismus. Die Schüler erkennen, wie das Gewordene erst auf dem Hintergrund des Vergangenen Zusammenhang, Folgerichtigkeit und damit Verständlichkeit gewinnt. Zur Vorgeschichte der gegenwärtigen Gesellschaft und der heutigen politischen Weltkonstellation gehört auch die Geschichte des Ersten Weltkriegs, für dessen Ausbruch die imperialistische Politik der europäischen Großmächte ausschlaggebend war. Der Zusammenhang zwischen dem von den Europäern begonnenen Krieg und dem Aufstieg der Supermächte wird deutlich. Mit dem Eintritt der USA in den Krieg und dem Ausbruch der bolschewistischen Revolution begann eine neue weltgeschichtliche Epoche. Insofern ist auch bei unserer Unterrichtseinheit die Zäsur im Jahre 1917 begründet.

Obwohl der Imperialismus in abgewandelter Form bis zur Gegenwart weiterwirkt, ist die übliche Zeiteinteilung des Imperialismus von 1880/90 bis 1914/18 sinnvoll. H. U. Wehler hat darauf hingewiesen, daß der Imperialismus nach 1945 mit den klassischen Theorien des Wirtschafts- und Sozialimperialismus nicht mehr ohne weiteres erklärt werden kann: „Die gegenwärtige Ungleichheit zwischen den Staaten, was an Herrschaft damit möglich gemacht wird, welche Konflikte sie austragen – das alles ist zwar ohne Rückgriff auf den Imperialismus nicht historisch zu erklären, scheint mir aber doch, wenn man auf den Epochencharakter abzielt, neuer Theorien mit neuen Begriffen zu bedürfen." (H. U. Wehler, Der amerikanische Imperialismus vor 1914. In: W. J. Mommsen, Der moderne Imperialismus, Stuttgart 1971, S. 190f.)

IV Schematische Übersicht über die Gliederung der Unterrichtseinheit

Aspekt I
Schrittweise Erarbeitung einer vollständigen Definition des Begriffs „Imperialismus“

Aspekt II
Erkenntnis der Zusammenhänge zwischen dem Phänomen des Imperialismus und dem Ausbruch des 1. Weltkriegs

Aspekt III
Einsicht in die Veränderungen des Mächtesystems durch den 1. Weltkrieg

Aspekt I
Aspekt II
Aspekt III

1. Stunde
Einführung
Methoden der europ. Kolonialpolitik im 19./20. Jh.

2. Stunde
Die wirtschaftlich-techn. Grundlagen des Imperialismus

3. Stunde
Ideologie des Imperialismus

4. Stunde
Der Ausbau des brit. Empire/direkte u. indirekte Herrschaft

5. Stunde
Der russ. Imperialismus/Drei Formen des Imperialismus

6. Stunde
Ausbeutung Chinas

7. Stunde
Aufteilung der Welt im Zeitalter des Imperialismus

8. Stunde
Das Wilhelminische Deutschland

9. Stunde
Europ. Bündnissystem nach Bismarck

10. Stunde
Entfremdung zwischen Deutschland und England

11. Stunde
Der habsburgische Vielvölkerstaat

12. und 13. Stunde
Ausbruch des Weltkriegs/Ursachen des 1. Weltkriegs

14. Stunde
Kriegsverlauf 1914–1917

15. Stunde
Epochenjahr 1917

16. Stunde
Niederlage der Mittelmächte/Gründe

V Literaturauswahl

1 Quellensammlungen und Arbeitsmaterialien

Alter, Peter, Der Imperialismus. Grundlagen – Probleme – Theorien (Quellen- und Arbeitshefte zur Geschichte und Politik) Klett 42 191

Ansprenger, Franz, Kolonisierung und Entkolonisierung in Afrika (Quellen- und Arbeitshefte zur Geschichte und Politik) Klett 42 151

Bauer, Wolfgang, China – vom Ende des Kaiserreichs zur neuen Weltmacht (Quellen- und Arbeitshefte zur Geschichte und Politik) Klett 42 471

Bußmann, Walter, Die auswärtige Politik des Deutschen Reiches unter Bismarck 1871–1890 (Quellen- und Arbeitshefte zur Geschichte und Politik) Klett 4232

Guggenbühl, Georg, Quellen zur Geschichte der neueren Zeit, Zürich 1965

Hoffmann, Joachim, Der Imperialismus und der Erste Weltkrieg. Bilder aus der Weltgeschichte, Heft 13, Diesterweg 7213

Hohlfeld, Johannes, Dokumente der deutschen Politik und Geschichte von 1848 bis zur Gegenwart. Bd. 1. Die Reichsgründung und das Zeitalter Bismarcks, Bd. 2 Das Zeitalter Wilhelms II. 1890–1918, Berlin/München 1951 ff.

Johann, Ernst, Reden des Kaisers, dtv München 1969

Kotowski, Georg (Hrsg.), Historisches Lesebuch 3, 1914–1933, Frankfurt 1968, Fischer-Taschenbuch 852

Krieger, Herbert, Handbuch des Geschichtsunterrichts Bd. V (Die Neueste Zeit) Diesterweg

Lautemann, Wolfgang und Schlenke, Manfred, Geschichte in Quellen, Bd. IV Das bürgerliche Zeitalter 1815–1914, bearbeitet von Günter Schönbrunn (1980); Bd. V Weltkriege und Revolutionen 1914–1945 (1970), Bayerischer Schulbuch-Verlag München

Ludwig, Karl-Heinz, Der Aufstieg der Technik im 19. Jahrhundert (Quellen- und Arbeitshefte zur Geschichte und Politik) Klett 4271

Meyer, Hermann und Langenbeck, Wilhelm, Grundzüge der Geschichte, Sekundarstufe II Historisch-politisches Arbeitsbuch, Quellenband II. Vom Zeitalter der Aufklärung bis zur Gegenwart. Diesterweg

Mickel, Wolfgang, Kampmann, Wanda, Wiegand, Berthold, Politik und Gesellschaft, Grundlagen und Probleme der modernen Welt. Lehr- und Arbeitsbuch für den historisch-politischen Lernbereich (Sekundarstufe II) Hirschgraben, Bd. I

Neher, Michael, Der Imperialismus, Würzburg 1974

Riezler, Kurt, Tagebücher, Aufsätze, Dokumente, hrsg. von K. D. Erdmann, Göttingen 1972

Ripper, Werner, Weltgeschichte im Aufriß, Ausgabe in Themenheften. Deutschland und der Erste Weltkrieg. Diesterweg 7401

ders., Weltgeschichte im Aufriß, Ausgabe in Themenheften. Politik und Theorie des Imperialismus, Diesterweg 7400

Wulf, Walter, Geschichtliche Quellenhefte, Bd. 10. Das Zeitalter des Imperialismus 1890–1918, Diesterweg 7350

2 Fachwissenschaftliche Literatur

Eine ausführliche Bibliographie enthält das Buch von Gregor Schöllgen, Das Zeitalter des Imperialismus, München 1986, S. 165–225

Albertini, R. v. in Verbindung mit Wirz, A., Europäische Kolonialherrschaft 1880–1940, Zürich 1976

Bade, K. J. (Hrsg.), Imperialismus und Kolonialmission. Kaiserliches Deutschland und koloniales Imperium, Wiesbaden 1982

Barnett, C., Anatomie eines Krieges, München und Esslingen 1963

Baumgart, W., Der Imperialismus. Idee und Wirklichkeit der englischen und französischen Kolonialexpansion 1880 bis 1914, Wiesbaden 1975

ders., Deutschland im Zeitalter des Imperialismus (1890–1914). Grundkräfte, Thesen und Strukturen, Frankfurt, Berlin, Wien, 3. Aufl. 1979

Bertaux, P., Afrika. Fischer-Weltgeschichte 32

Born, K. E., Von der Reichsgründung bis zum Ersten Weltkrieg. In: Handbuch der deutschen Geschichte, Bd. 16, dtv München 5. Aufl. 1980

ders., Wirtschafts- und Sozialgeschichte des Deutschen Kaiserreichs (1867/71–1914), Stuttgart 1985

Cartier, J. P., Der Erste Weltkrieg 1914–1918, München 1984

Eckart, R., Das Zeitalter des Imperialismus. Kaiserreich und Erster Weltkrieg 1871–1918, Goldmann 1819, München o.J.

Erdmann, K. D., Der Erste Weltkrieg. In: Gebhardt, Handbuch der deutschen Geschichte, Bd. 18, dtv München 1980

Fisch, J., Groh, D., Walther, R., Imperialismus. In: Geschichtliche Grundbegriffe, Bd. 3, Stuttgart 1982

Fischer, F., Krieg der Illusionen – Die deutsche Politik von 1911–1914, Düsseldorf 1967

ders., Griff nach der Weltmacht, Düsseldorf 1967

ders., Juli 1914, Reinbek 1983

Geiss, I., Juli 1914, dtv München 1965

Geyer, D., Der russische Imperialismus. Studien über den Zusammenhang von innerer und auswärtiger Politik 1860–1914, Göttingen 1977

Gründer, H., Geschichte der deutschen Kolonien, Paderborn 1985

Gutsche, W., Klein, F., Petzold, J., Der Erste Weltkrieg. Ursachen und Verlauf. Herrschende Politik und Antikriegsbewegung in Deutschland, Köln 1985

Hallgarten, G. W., Das Schicksal des Imperialismus im 20. Jahrhundert, Frankfurt 1969

ders., War Bismarck ein Imperialist? GWU 1971/1, S. 257–265

Hartau, F., Wilhelm II. roromonographie Nr. 264

Helbig, L., Imperialismus – das deutsche Beispiel, Frankfurt, 2. Aufl. 1970

Herzfeld, H., Der Erste Weltkrieg, dtv München, 4. Auflage 1976

Hildebrand, K., Julikrise 1914. Das europäische Sicherheitsdilemma, GWU 1985/7, S. 469–502

Hillgruber, A., Deutschlands Rolle in der Vorgeschichte der beiden Weltkriege, Göttingen, 2. Auflage 1979

Huber, E. R., Deutsche Verfassungsgeschichte seit 1789, Bd. 5: Weltkriege, Revolution und Reichserneuerung 1914–1919, Stuttgart u. a. 1978

Klein, F., Deutschland von 1897/98 bis 1917. (Deutschland in der Periode des Imperialismus bis zur Großen Sozialistischen Oktoberrevolution), Berlin (Ost), 4. Auflage 1977

Koch, H. W., Der Sozialdarwinismus. Seine Genese und sein Einfluß auf das imperialistische Denken, München 1973

Kuczynski, J., Darstellung der Lage der Arbeiter in Deutschland von 1871–1900, Berlin (Ost), 1962
ders., Geschichte des Alltags des deutschen Volkes, Bd. 4: 1871–1918, Köln 1982
Langewiesche, D. (Hrsg.), Ploetz – Das deutsche Kaiserreich 1867/71 bis 1918. Bilanz einer Epoche, Freiburg–Würzburg 1984
Lichtheim, G., Imperialismus, dtv München 1972
Mommsen, W. J., Das Zeitalter des Imperialismus, Frankfurt 1976
ders., Der moderne Imperialismus, Stuttgart 1971
ders., Das Zeitalter des Imperialismus, FWG, Bd. 28, Frankfurt 1969
ders., Imperialismustheorien. Ein Überblick über die neueren Imperialismusinterpretationen, Göttingen 1977
Nitzschke, H., Umstrittene Probleme der neuesten Geschichte, Paderborn 1969
Nitsche, R., Kröber, W., Grundbuch zur bürgerlichen Gesellschaft, Bd. 2, Neuwied 1979
Schieder, Th., Europa im Zeitalter der Nationalstaaten und europäische Weltpolitik bis zum I. Weltkrieg (1870–1918). In: Schieder, Th., (Hrsg.), Handbuch der europäischen Geschichte, Bd., 6, Stuttgart 1973, S. 1–193
Schöllgen, G., Das Zeitalter des Imperialismus, München 1986
Stürmer, M., Das ruhelose Reich. Deutschland 1866–1918, Berlin 1983
Ullrich, V., Zwischen Verhandlungsfrieden und Erschöpfungskrieg. Die Friedensfrage in der deutschen Reichsleitung Ende 1915. GWU 1986/7, S. 397–419
Wehler, H. U., Imperialismus, Köln, 3. Aufl. 1976
ders., Bismarck und der Imperialismus, Köln 1969
ders., Das Deutsche Kaiserreich 1871–1918, Göttingen, 5. Aufl. 1983
ders., Krisenherde des Kaiserreichs 1871–1918. Studien zur Sozial- und Verfassungsgeschichte, Göttingen, 2. Aufl. 1979
Zechlin, E., Kriegsausbruch und Kriegsziele 1914, Göttingen 1972
ders., Zum Kriegsausbruch 1914. Die Kontroverse. GWU 1984/4, S. 211–221

3 Lehrbücher

Die Reise in die Vergangenheit 4, Westermann
erinnern und urteilen, Unterrichtseinheiten Geschichte III, Klett
Fragen an die Geschichte 3, Europäische Weltgeschichte, Hirschgraben
Geschichtliche Weltkunde 3, Von der Zeit des Imperialismus bis zur Gegenwart, Diesterweg
Grundriß der Geschichte 3, Die Neueste Zeit, Blutenburg/Schöningh
Grundzüge der Geschichte 4, Von 1890 bis zur Gegenwart, Diesterweg
Menschen in ihrer Zeit 4, In unserer Zeit, Klett
Spiegel der Zeiten 3, Vom Absolutismus bis zum Imperialismus, Diesterweg
Staatensystem und Weltpolitik 4 (Kletts Geschichtliches Unterrichtswerk für die Mittelklassen, Ausgabe C)
Zeitaufnahme 2, Geschichte für die Sekundarstufe I, Westermann
Zeiten und Menschen, Ausgabe B, Bd. 4, Europa und die Welt. Das 20. Jahrhundert, Schöningh/Schroedel

4 Audio-visuelle Unterrichtsmittel

Afrika – gestern und heute, Tonbildreihe, Jünger-Verlag, Best.-Nr. 713 (96 Dias)

Das europäische Mächtesystem der Bismarckzeit (1862–90) und die europäischen Bündnissysteme vor dem 1. Weltkrieg (1890–1914), Transparente, Westermann 365 447

Das Reich unter Wilhelm II., Farbdiaserien Geschichte, Reihe 16, Jünger-Verlag, Best.-Nr. 1265

Karikaturen zur Wilhelminischen Ära. 17 Dias (FWU 102 313)

Das Zeitalter des Imperialismus, Farbdiaserien Geschichte, Jünger-Verlag, Best.-Nr. 1282

Das Zeitalter des Imperialismus, Westermann, Best.-Nr. 311 438

Der Erste Weltkrieg, 24 Dias mit Text, V-Dia-Verlag, Best.-Nr. D 41 033

Der 1. Weltkrieg 1914–1918, Transparente, Perthes-Verlag, Best.-Nr. TA 2070

Der 1. Weltkrieg und das Ende des Kaiserreiches, Farbdiaserien Geschichte, Reihe 17, Jünger-Verlag, Best.-Nr. 1266

Der Erste Weltkrieg, Westermann, Best.-Nr. 311 444

Der Erste Weltkrieg I Film (s.w. 12 Min. FWU 3 203 358)

Der Erste Weltkrieg II Film (s.w. 10 Min. FWU 3 203 359)

1917 – Jahr der Entscheidung Film (15 Min. FWU FT 2477)

Der Verlauf des 1. Weltkrieges, Transparente, Westermann, Best.-Nr. 356 452

Die Entstehung der modernen Kolonialreiche: Britisches Weltreich, Transparente, Westermann, Best.-Nr. 356 440

Die Entstehung der modernen Kolonialreiche: Afrika, Transparente, Westermann, Best.-Nr. 356 441

Die Entstehung der modernen Kolonialreiche: Asien, Transparente, Westermann, Best.-Nr. 356 442

Europäische Bündnissysteme 1872–1912, Transparente, Westermann, Best.-Nr. 356 490

Europa, Isolierung Deutschlands, 12 Transparente, Perthes-Verlag, Best.-Nr. TA 2068

Europa, Zeit der Krisen 1908–1914, Transparente, Perthes-Verlag, Best.-Nr. TA 2069

Schallplatten zur Zeitgeschichte, Deutschland im Ersten Weltkrieg und zur Zeit der Weimarer Republik, Originalaufnahmen aus den Jahren 1914–1932. Enthält u.a. Kaiser Wilhelm II., Aufruf an das deutsche Volk vom 6. August 1914, Paul von Hindenburg, Dankerlaß an die Truppen der 8. Armee vom 31. August 1914, Theobald von Bethmann Hollweg im Reichstag am 27. Februar 1917, Alfred von Tirpitz, Begründung des U-Bootkrieges (1915); Diesterweg, Best.-Nr. MD 8131

Nationalismus, Imperialismus, Krieg. Film (30 Min. FWU 325 750)

Neueste Geschichte in Plakaten 1914–1925, 18 Dias (FWU R. 421)

5 Atlanten

Atlas zur Geschichte, Cornelsen-Velhagen & Klasing-Verlag

Atlas zur Weltgeschichte, Klett-Verlag

dtv – Atlas zur Weltgeschichte

dtv – Perthes-Weltatlas

Großer Historischer Weltatlas, Bayerischer Schulbuchverlag

Neuer Geschichts- und Kulturatlas, Atlantik-Verlag

Putzger, Historischer Atlas, Velhagen & Klasing-Verlag

Völker, Staaten und Kulturen, Verlag Westermann

Westermann Geschichtsatlas Politik – Wirtschaft – Kultur

Westermann Großer Atlas zur Weltgeschichte

VI Zeittafel zur Geschichte des Imperialismus 1881–1918

1881	Marokko und Tunis werden französische Protektorate
1882	Ägypten gerät unter englische Oberhoheit
	Algerien wird französische Kolonie
1883	Frankreich erobert Annam (Vietnam), Gebiete im Kongo und am Golf von Aden
1884	Großbritannien unterwirft Somaliland
1884–1885	Das Deutsche Reich gewinnt Kolonien in Südost- und Südwestafrika, Togo und Kamerun, ferner Teile der Insel Neuguinea, der Marshall- und Samoainseln
1885	Belgien erwirbt Land in Mittelafrika (Belgisch Kongo)
1886	Kenia wird britisch
1890	Deutschland verzichtet auf Ansprüche in Südafrika, dafür tritt England Helgoland an Deutschland ab (Helgoland-Sansibar-Vertrag)
	Eritrea italienische Kolonie
seit 1890	Rußland dringt nach Sibirien vor und setzt sich in der Mandschurei fest
1891	Rhodesien britische Kolonie
1892–1896	Englische Herrschaft im südlichen Afrika („Kapkolonie")
1894	Die englische Regierung annektiert Uganda. Ziel der englischen Kolonialpolitik: Kolonien vom Kap bis Kairo
1895	England dringt in den Sudan vor
1898	Deutschland erwirbt Kiautschou von China als Pachtgebiet
	Bei Faschoda treffen englische und französische Truppen zusammen. Die Franzosen ziehen sich zurück
	Die imperialistischen Mächte unter Einschluß der USA annektieren Gebiete in China
seit 1898	Deutsche Flottenrüstung
1899–1902	Burenkrieg. England unterwirft die Burenstaaten
1903	Eine deutsche Gesellschaft erhält von der türkischen Regierung die Konzession zum Bau der Bagdadbahn von Konia nach Bagdad
1904	Interessenausgleich zwischen England und Frankreich, Entstehung der „Entente cordiale"
1905	Somaliland italienische Kolonie
1907	England und Rußland einigen sich über ihre Interessensphären in Asien: Nordpersien wird russisches, Südpersien britisches Einflußgebiet
1910	Gründung der südafrikanischen Union als britisches Dominium
1911–12	Russisch-französisches Militär- und Flottenabkommen. Wachsender russischer Einfluß auf dem Balkan
1912–13	Erster Balkankrieg. Unter russischem Einfluß kämpfen Bulgarien, Serbien, Montenegro und Griechenland gegen die Türkei. Die Türkei muß alles Gebiet nordwestlich der Linie Enos-Midia an die Verbündeten abtreten
1913	Zweiter Balkankrieg. Krieg um die Verteilung der Beute. Serbien, Griechenland, Rumänien gegen Bulgarien.

1914 *28. Juni:* Der österreichische Thronfolger Franz Ferdinand wird bei einem Besuch Sarajewos, der Hauptstadt Bosniens, ermordet

23. Juli: Österr. Ultimatum an Serbien wird von Serbien am 25. Juli weitgehend akzeptiert. Zugleich ordnet die serb. Regierung die Teilmobilmachung an

28. Juli: Österr. Kriegserklärung an Serbien

30. Juli: Russische Generalmobilmachung

1. August: Deutsche Kriegserklärung an Rußland

3. August: Deutsche Kriegserklärung an Frankreich, deutsche Truppen marschieren in Belgien ein, darauf am

4. August: Englische Kriegserklärung an Deutschland

September: Schlacht an der Marne. Rücknahme der deutschen Front bis zur Aisne

26.–31. August: Deutscher Sieg über die Russen bei Tannenberg (Hindenburg)

1915 Italien tritt auf der Seite der Entente in den Krieg ein

1916 Materialschlacht bei Verdun. Seeschlacht zwischen der deutschen und der englischen Flotte am Skagerrak. Verhängnisvolle Auswirkungen der englischen Seeblockade

1917 *6. April:* Der uneingeschränkte U-Boot-Krieg der deutschen Kriegführung führt zum Kriegseintritt der USA

19. Juli: Friedensresolution des deutschen Reichstags

24. Oktober: Oktoberrevolution in Rußland

1918 März: Friede von Brest-Litowsk

8. August: Die Alliierten durchbrechen die deutschen Verteidigungslinien an der Westfront

4. Oktober: Die Reichsregierung bittet um Waffenstillstand

3. November: Novemberrevolution

9. November: Wilhelm II. dankt ab, Ausrufung der Republik

VII Beschreibung der Einzelstunden

1. Stunde: Einführung Europäische Kolonialpolitik im 19./20. Jahrhundert

Zur didaktischen Funktion

Der Einstieg in das Thema „Imperialismus" wird dadurch erleichtert, daß der Begriff zu einem Schlagwort geworden ist, das auch vielen Schülern durch Zeitungslektüre und politische Nachrichtensendungen bekannt ist. Ausgehend von einer zwangsläufig ungenauen Vorstellung soll den Schülern klargemacht werden, daß sich der Begriff „Imperialismus" auf eine eingrenzbare, zeitlich festzulegende Erscheinung der neueren Geschichte bezieht. Die gemeinsame Definition des modernen Imperialismus ist also die Aufgabe, die die Schüler in den kommenden Stunden zu lösen haben. Die Klasse wird nun aufgefordert, Vorschläge zu machen, in welcher Weise die Präzisierung des Begriffs erfolgen kann und welche Verfahren eingeschlagen werden könnten.
Die vorgelegte Auswahl aus der Tagespresse scheint die Deutung des Imperialismus als „Expansionspolitik" nahezulegen. Aber durch den Hinweis etwa auf die Kolonisationspolitik unter Ludwig XIV. oder auch auf die englische Kolonialpolitik im 18. Jahrhundert wird diese Gleichsetzung problematisiert und das Unterrichtsziel verdeutlicht: Es muß herausgefunden werden, worin das Besondere dieser Epoche liegt, wodurch sich die imperialistische Politik am Ende des 19. und zu Beginn des 20. Jahrhunderts von der Kolonialpolitik früherer Zeiten unterscheidet, welche Voraussetzungen zum Imperialismus führten, d.h. welche politischen, wirtschaftlichen, geistigen und sozialen Kräfte in der Epoche von 1880–1914 bestimmend waren. Und noch ein anderes Problem ist zu lösen: Den Schülern ist die Verbindung zwischen Imperialismus und Erstem Weltkrieg, die das Thema der Unterrichtseinheit andeutet, nicht von vornherein einsichtig, dieser Bezug muß im Verlauf der folgenden Stunden erhellt werden. Es wäre wohl nicht sinnvoll, wenn man auf der Mittelstufe zu viel Zeit auf Vermutungen und Hypothesen verwenden wollte. Deshalb empfiehlt es sich, ausgehend vom Begriff der Expansion schon in der ersten Stunde die Art der Ausdehnungspolitik der europäischen Staaten in dieser Zeit in einem zügigen Verfahren anschaulich und verständlich zu machen. Die beiden Berichte über die deutschen Kolonialeroberungen in Afrika durch Nachtigall und Peters sollen zuerst einmal Interesse wecken für das Thema. Wichtig ist, daß die Schüler den besonderen Charakter des europäischen Imperialismus in der Zeit des klassischen Imperialismus in Ansätzen erkennen und einen ersten Einblick gewinnen in die spezifischen Methoden der Expansion. Die Auswertung der Statistik am Schluß der Stunde rückt den politischen und wirtschaftlichen Hintergrund des Imperialismus am Beispiel Deutschlands und Englands noch stärker ins Blickfeld und schafft gleichzeitig einen Übergang zur nächsten Stunde, die sich eingehend mit den wirtschaftlich-technischen Voraussetzungen des Imperialismus befaßt.

Ziele der Stunde

Die Schüler erkennen
- daß der Begriff „Imperialismus" eine allgemeine und eine besondere, epochentypische Bedeutung hat;

- daß sich der Imperialismus von der Expansionspolitik vergangener Jahrhunderte unterscheidet;
- daß die koloniale Expansion der imperialistischen Staaten durch zwei Faktoren bestimmt ist:
  a) durch die wirtschaftlichen Interessen großer Firmen,
  b) durch die Rivalität der europäischen Staaten, für die der Erwerb von außereuropäischen Territorien eine zentrale politische Bedeutung gewinnt.

Die Schüler erarbeiten
- einige Leitfragen für das Programm der folgenden Stunden;
- aus einer Statistik Gründe für die Verspätung Deutschlands und für den Vorsprung Englands beim Erwerb von Kolonialbesitz

Die Schüler beurteilen
- die Beziehungen zwischen europäischen Kolonialherren und Einheimischen in Afrika.

Verlaufsskizze

Unterrichtsschritt 1:
Vorläufige Definition des Begriffs „Imperialismus"

Der Lehrer gibt das Thema der Unterrichtseinheit bekannt; dann werden die Schüler aufgefordert, sich Gedanken zu machen über die Bedeutung des Begriffs „Imperialismus". Als Einstieg in das Thema kann ein hektographierter Zeitungsartikel dienen, in dem sich etwa Mächte, die sich in einer Konfliktsituation befinden, gegenseitig als „Imperialisten" beschimpfen. (Beispiele: Die gescheiterte Geiselbefreiung der Amerikaner im Iran im Frühjahr 1980 wurde von den Iranern als „imperialistische Untat" bezeichnet; der SED-Generalsekretär Honecker stellte auf dem XI. Parteitag im Jahre 1986 fest: „Es ist der Sinn des Soldatseins im Sozialismus, den Frieden zu erhalten, zu verhindern, daß die Waffen sprechen. Kampfkraft und Gefechtsbereitschaft der Armeen der sozialistischen Gemeinschaft sind eine entsprechende Garantie, daß militärische Überlegenheit des Imperialismus nicht zugelassen wird und eine Aggression zum tödlichen Risiko für ihre Urheber würde." Oder: Zitat aus der „Handreichung zur sozialistischen Wehrerziehung": „Haß ist die notwendige Konsequenz aus dem Befreiungskampf der Arbeiterbewegung und aus der Tatsache, daß die Errungenschaften der sozialistischen Staatengemeinschaft heute noch durch den Imperialismus aktiv bedroht werden." (Marlies Menge, Spiel mit dem Krieg, in: Zeit-Magazin Nr, 23, 29. Mai 1987, S. 18)

Auch eine hektographierte Zusammenstellung von Zitaten aus der Tagespresse oder ein Auszug aus einem DDR-Geschichtsbuch könnte als Ausgangspunkt für eine kleine Diskussion nützlich sein. Die vorläufigen Erklärungsversuche der Schüler – etwa „rücksichtslose Machtpolitik", „gewaltsame Unterwerfung außereuropäischer Gebiete", „Gewinnung von wirtschaftlichen Einflußsphären", „aggressive Ausdehnungspolitik" oder ähnliche allgemein gehaltene Definitionen werden als Tafelanschrieb festgehalten. Natürlich können die Antworten der Schüler nicht antizipiert werden. Es kommt entscheidend darauf an, daß es gelingt, im Unterrichtsgespräch die Problematik solcher allgemeinen Definitionen klarzumachen.
Folgende Impulse können hilfreich sein:
- Welche Fragen müssen beantwortet werden, damit der Begriff „Imperialismus" eindeutig wird?
- Ist jede Ausdehnung eines Staates schon Imperialismus?
- Wodurch unterscheidet sich z.B. das Zeitalter des frühen Kolonialismus vom Zeitalter des Imperialismus?

- In welche Zeit fällt die Epoche des Imperialismus?
- Welche Beziehung besteht zwischen Imperialismus und dem Ersten Weltkrieg?

Mit der Formulierung dieser Fragen, die bei günstigem Unterrichtsverlauf von den Schülern teilweise selbst gestellt werden können, ist gewissermaßen das Programm der Unterrichtseinheit umrissen.
Auf einer Folie hält der Lehrer den naheliegenden Begriff „Expansion" als Ansatz für die Definition des Imperialismus fest. In den folgenden Stunden wird diese Definition sukzessive erweitert und die Folienaufschrift entsprechend ergänzt bis dann in der 7. Stunde (Unterrichtsschritt 2) die wichtigsten Aspekte des Begriffs „Imperialismus" erarbeitet sind (s. unten Vorschlag für eine Folie „Was versteht man unter ‚Imperialismus'?"). Von der Formulierung „Expansion" ausgehend, wird in der folgenden Unterrichtsphase dargestellt, wie es einem deutschen Afrikareisenden und einigen Agenten gelang, Kamerun zur deutschen Kolonie zu machen und der englischen Konkurrenz zuvorzukommen.

Vorschlag für eine Folie

Was versteht man unter „Imperialismus"?

Expansion wirtschaftlich fortgeschrittener Länder, vorwiegend von Großstaaten in mehr oder minder unterentwickelte Gebiete, besonders in Afrika, Asien, der Südsee und auch in Lateinamerika. Ökonomische Interessen, ideologisches Sendungsbewußtsein, nationalistisches Prestigebedürfnis (Aufstieg in den Kreis der Weltstaaten) und das Bemühen, von innenpolitischen Schwierigkeiten abzulenken, wirken zusammen, um das Streben der miteinander rivalisierenden Industriestaaten nach direkter oder indirekter Herrschaft zu begründen und zu rechtfertigen.

Unterrichtsschritt 2:
Kamerun wird deutsche Kolonie

Skizzenhafte Geschichtserzählung: Nachtigall in Afrika (aus: Weißbuch über Togogebiet und Biafrabai. Verhandlungen des deutschen Reichstages. 6. Legislaturperiode, 1. Session 1884/85, Anlagen Bd. 5 Nr. 41. Auszugsweise abgedruckt in Fragen an die Geschichte 3, S. 246ff.),

Am 11. Juli 1884 fährt Dr. Gustav Nachtigall, der deutsche Afrikaforscher und spätere kaiserliche Generalkonsul, mit seinem Boot in die Mündung des Kamerunflusses ein. Dort liegen die Residenzen der einheimischen Könige Bell und Aqua. Die Agenten der norddeutschen Handelsfirmen C. Woermann und Jantzen und Thormälen kommen an Bord und berichten Nachtigall vom glücklichen Abschluß eines Vertrags mit dem Häuptling Dido. Durch zähe Verhandlungen mit den beiden Königen gelingt es den Agenten am folgenden Tag, für ihre Firmen sämtliche Rechte über ganz Kamerun zu erlangen. Den Eingeborenen aber sollen folgende Rechte bleiben: Früher abgeschlossene Verträge behalten ihre Rechtskraft, die Einwohner dürfen ihren Grund und Boden behalten, und „in der ersten Zeit" werden die Sitten der Eingeborenen respektiert. Die Häuptlinge dürfen weiterhin ihre Abgaben erheben.
Am 12. Juli wird die Oberhoheit des deutschen Kaisers über ganz Kamerun in einem großen Volksfest gefeiert. Sieben Tage später läuft das englische Kanonenboot „Flirt" in den Kamerunfluß ein. Der englische Konsul versucht vergeblich, König Bell umzustimmen und zu einem entsprechenden Vertragsabschluß zu überreden, indem er ihm Geschenke der englischen Königin anbietet. Auch ein offizieller Protest des Konsuls bei Nachtigall gegen die Unterstellung Kameruns unter deutsche Oberhoheit bleibt wirkungslos.

Mögliche Gesichtspunkte zur Auswertung dieses Berichts:
- Wer führte die Verhandlungen der Deutschen? Aus welchen Gründen?
- Durch welche Methoden sollen die Häuptlinge zur Anerkennung der europäischen Oberhoheit gebracht werden?
- Wie wirkt sich die koloniale Ausdehnung auf das Verhältnis der europäischen Staaten zueinander aus?

Vorschlag für ein Arbeitsblatt (Unterrichtsschritt 2, Erweiterung)

Der Hereroaufstand

Vorbemerkung: Eine Hauptursache für den Aufstand der Hereros gegen die deutschen Kolonialherren war der Bau einer Eisenbahnlinie von der Küste Deutsch-Südwestafrikas zu den Otaviminen durch die deutsche Disconto-Gesellschaft. Dadurch wurden die Hereros von ihren Weideplätzen abgeschnitten und in Richtung der östlichen Sandwüste abgedrängt. Deutsche Händler verleiteten die Eingeborenen zum Schuldenmachen und nahmen ihnen ihr Vieh weg, wenn sie nicht bezahlen konnten.

1. Am 11. Januar 1904, einen Tag vor dem Aufstand, schrieb der Oberhäuptling der Hereros an seine „Großleute":
„Ich bin der Oberhäuptling der Hereros, Samuel Maharero. Ich habe ein Gesetz erlassen und ein rechtes Wort, und bestimme es für alle meine Leute, daß sie nicht ihre Hände legen an folgende: nämlich Missionare, Engländer, Bastard, Bergdamara, Nama (Hottentotten), Buren. An diese alle legen wir unsere Hände nicht. Tut diese Sache nicht. Ich habe einen Eid dazu getan, daß diese Sache nicht offenbar werde, auch nicht den Missionaren. Genug. Ich bin der Häuptling Samuel Maharero, Okahandja."
(Moritz, Walter, Aus alten Tagen in Südwest, Windhoek 1971, S. 46)

Aufgaben:
- Welchen Sinn hat der Aufruf des Häuptlings?
- Was wird verschleiert?
- War der Vorwurf einiger deutscher Militärs berechtigt, die Missionare hätten sich von Anfang an auf die Seite der Hereros gestellt?

2. General von Trotha, Oberbefehlshaber der Schutztruppen, erließ im Oktober 1904 folgende Proklamation an die Hereros, nachdem diese deutsche Farmen und Militärstützpunkte überfallen und 123 Weiße (darunter 7 Buren und 5 Frauen) ermordet hatten:
„Innerhalb der deutschen Grenze wird jeder Herero, mit oder ohne Gewehr, mit oder ohne Vieh, erschossen. Ich nehme keine Weiber und Kinder mehr auf, treibe sie zu ihrem Volk zurück und lasse auf sie schießen. Das sind meine Worte an das Volk der Hereros.
Der große General des mächtigen Kaisers von Trotha"
(Die Zukunft, hg. von Maxim. Harden, Berlin, 26. 8. 1905, S. 317)

Aufgaben:
- Wie ist dieser Befehl zu beurteilen?
- Welche Auswirkungen sind einkalkuliert?
- Welche Absicht verfolgte Harden mit dem Abdruck dieses Befehls in seiner demokratischen Wochenschrift?

In der Schlacht am Waterberg wurden die Hereros vernichtend geschlagen, die Überlebenden flohen mit Frauen und Kindern in die Sandwüste der Omaheke, wo sie Trotha von allen Wasserstellen abschneiden ließ.

3. Ein Augenzeuge, Oberleutnant Graf Schweinitz, berichtet:
„Von Ondowu bezeichnete ein im Omuramba ausgetretener Fußpfad, neben welchem Menschenschädel und Gerippe von Tausenden gefallenen Viehes, besonders Großvieh, lagen, den Weg, den anscheinend die nach Nordosten entwichenen Hereros genommen haben ... An vielen Stellen war in 15 bis 20 m tiefen, aufgewühlten Löchern vergeblich nach Wasser gegraben ... Alles läßt darauf schließen, daß der Rückzug ein Zug des Todes war."
(Die Kämpfe der deutschen Truppen in Südwestafrika. Auf Grund amtlichen Materials bearbeitet von der kriegsgeschichtlichen Abteilung I des Großen Generalstabes. Erster Band. Der Feldzug gegen die Hereros, Berlin 1906, S. 218)

Von 70–80 000 Hereros im Jahr 1892 waren 1910 noch ca. 24 000 übrig. Sie verloren ihr Vieh, ihre Stammesorganisation und ihre Tradition. In Deutschland herrschte Empörung; Trotha wurde vom Reichskanzler getadelt und von seinem Amt abgelöst.
(Vgl. Helbig, L., Imperialismus. Das deutsche Beispiel, Frankfurt a.M., Berlin, Bonn, München 1968, S. 92.)

Erwartete Schülerantworten:
Vertreter großer Firmen handeln aus vorwiegend wirtschaftlichen Interessen. Sie übertragen die Oberhoheit über das neu erworbene Land dem Kaiser, der ihre Rechte schützen soll. Die einheimischen Herrscher werden mit Geschenken bestochen; geschickte Übergangsregelungen (vgl. die verräterische Formulierung „in der ersten Zeit") dienen der Verschleierung der Tatsache, daß Kamerun ein unterworfenes, abhängiges Land geworden ist. Die europäischen Großmächte befinden sich beim Erwerb von Kolonien in einer Konkurrenzsituation.

1. Erweiterung:
Das Verhältnis zwischen Kolonialherren und Eingeborenen kann auch am Beispiel der englischen Afrikapolitik deutlich gemacht werden. In diesem Zusammenhang könnte man die Quelle „The Bond" auswerten lassen (Fragen an die Geschichte 3, S. 246). Hier wird berichtet, daß mehrere Häuptlinge der Goldküste die englische Gerichtsbarkeit anerkennen. Menschenopfer werden verboten, Mord, Raub und andere Verbrechen werden von den englischen Gerichtsoffizieren zusammen mit den Bezirkshäuptlingen abgeurteilt. Das englische Recht soll über die Sitten des Landes wachen.

Auswertungsfragen:
- Welche Konzessionen werden den Eingeborenen zugestanden?
- Welche Rechte beanspruchen die Kolonialherren?
- Wie könnte man das Verhältnis zwischen Engländern und Eingeborenen charakterisieren?

2. Erweiterung:
Inhumane Züge der Kolonialpolitik: Die brutale Niederwerfung des Hereroaufstands (s. Vorschlag für ein Arbeitsblatt, S. 27).

Unterrichtsschritt 3:
Peters gründet eine deutsche Kolonie in Ostafrika

Die Schüler lernen einen der erfolgreichsten deutschen Kolonialpolitiker kennen: Carl Peters.

Informationen durch den Lehrer
Der Afrikaforscher und Kolonialpolitiker Carl Peters (1856–1918) gründete unter dem Eindruck der englischen Erfolge in Übersee eine „Gesellschaft für deutsche Kolonisation" in Berlin. Im Auftrag dieser Gesellschaft erwarb er im Jahre 1884 einen Teil des späteren Deutsch-Ostafrika; 1891/92 war er Reichskommissar, wurde aber 1897 wegen Mißbrauchs seiner Amtsgewalt abgesetzt. Er berichtete, wie er im November 1884 mit zwei anderen Deutschen, sechs Dienern und vierzig Trägern von Sansibar aus nach Ostafrika vordrang, um dort eine deutsche Kolonie zu gründen. Es gelang ihm, in ca. 6 Wochen ein Gebiet von der Größe Süddeutschlands zu erwerben. Das ganze Unternehmen kostete nur 2000 Reichsmark.

Ein Auszug aus seinem Bericht „Wie Deutsch-Ostafrika entstand" wird der Klasse vorgelesen und anschließend im Unterrichtsgespräch ausgewertet (Geschichte in Quellen Bd. 4, S. 585f.; Handbuch des Geschichtsunterrichts Bd. 5, S. 105).
Vorstellung des Textinhalts: Peters berichtet über seine Methoden, mit denen er es fertigbrachte, die Einwilligung der eingeborenen Herrscher zum Abschluß von sogenannten Schutzverträgen zu erreichen. Zuerst verschaffte er sich durch Mittelsmänner Informationen über den jeweiligen Häuptling. Um ihn dann gebührend zu beeindrukken, entfaltete er beim Einzug in den Kral einen gewissen „Pomp". Fahnen wurden gehißt, Gewehrsalven in die Luft sollten die Eingeborenen einschüchtern und ihnen klarmachen, welches Schicksal den Vertragsbrüchigen bevorstand. Der Sultan wurde zuerst mit Grog traktiert; schließlich erklärte er sich bereit, einen Vertrag abzuschließen. Mit dem Verlesen des Vertrags in deutscher Sprache und einem Hoch auf den deutschen Kaiser war die Besitzergreifung durch das Deutsche Reich vollzogen.
Die Auswertung kann durch folgende Fragen und Aufgaben strukturiert werden:
- Was verrät der Umstand, daß der Vertrag nur in deutscher Sprache vorgelesen wurde?

- Welche Beziehung besteht zwischen Deutschen und Eingeborenen?
- Vergleichen Sie Peters' Aufzeichnungen mit dem Bericht Nachtigalls!

Ergebnis:
Beide Männer schließen Schutzverträge mit den einheimischen Herrschern ab, die durch Geschenke bestochen werden. Nachtigall aber berichtet von Übergangsbestimmungen und Einschränkungen der deutschen Rechte zugunsten der Eingeborenen. Peters behandelt die Schwarzen nach dem zynischen Rezept „Zuckerbrot und Peitsche“, allerdings vermeidet er den Einsatz von direkter Gewalt. Er verachtet die Eingeborenen als „Kanaillen“ und genießt seine vermeintliche Überlegenheit über die „kreischenden“ und „springenden“ Schwarzen, die er auch als Vertragspartner nicht ernst nimmt.

Unterrichtsschritt 4:
Europäische Kolonialerwerbungen von 1815 bis 1899

Stellungnahme zu einer Statistik: Europäische Kolonialerwerbungen (nach: Handbuch des Geschichtsunterrichts Bd. 5, S. 104).
Die Schüler werden mit Zahlenmaterial konfrontiert, das über den Landbesitz und die Zahl der Menschen informiert, die England, Frankreich und Deutschland in diesem Zeitraum hinzugewannen (s. unten, Vorschlag für eine Folie).

Vorschlag für eine Folie
(1. Stunde, Unterrichtsschritt 4)

Europäische Kolonialerwerbungen von 1815 bis 1899

Land	Zeitraum	Landerwerb in Quadratmeilen (Mill.)	Zahl der Unterworfenen (in Mill.)
England	1815–1830	?	126,4
	bis 1860	2,5	145,1
	bis 1880	7,7	267,9
	bis 1899	9,3	309,0
Frankreich	1815–1830	0,02	0,5
	bis 1860	0,2	3,4
	bis 1880	0,7	7,5
	bis 1890	3,7	56,4
Deutschland	1815–1880	–	–
	bis 1899	1,0	14,7

(nach: Handbuch des Geschichtsunterrichts, Bd. V, S. 104)

Mögliche Arbeitsaufträge zur Auswertung:
- In welchem Zeitraum liegt der Schwerpunkt der imperialistischen Kolonialpolitik?
- Wie kann man den Vorsprung Englands und die Verspätung Deutschlands erklären?

Ergebnis:
Mit Hilfe seiner Seemacht hatte England schon in der Zeit des Frühkolonialismus eine globale Expansionspolitik verfolgt und dadurch einen großen Vorsprung vor den anderen Nationen gewonnen. Ein anderer wichtiger Grund ist die technisch-wirtschaftliche Spitzenstellung des Inselreichs seit der Zeit der industriellen Revolution. Die Industrialisierung setzte sich zuerst in England und Frankreich, dann erst in Belgien, Deutschland, Italien und Rußland durch, zuletzt auf dem Balkan, in Spanien und in Portugal.
Während die anderen europäischen Großmächte schon lange ihre nationale Einheit erreicht hatten, schlossen sich die deutschen Staaten erst 1871 zum Deutschen Reich zusammen. Ein weiterer Grund für das Nachhinken Deutschlands beim Erwerb von Kolonien lag in der Haltung Bismarcks gegenüber dem „Kolonialschwindel".

Unterrichtsschritt 5:
Bismarcks Ansicht zur Frage der deutschen Kolonien.

Auswertung von Quellen in Partnerarbeit, Arbeitsblatt 1

1. Reichstagsrede vom 26. Juni 1884 ([Auszug] Geschichte in Quellen Bd. 4, S. 471 ff.; Hohlfeld Bd. 2, S. 133; Alter, Der Imperialismus, S. 28 ff.; Bußmann, Die auswärtige Politik des Deutschen Reiches unter Bismarck 1871–1890, S. 36 ff.; dieser Text findet sich auch in einigen Lehrbüchern).

Textinhalt:
Kolonien sind zu teuer, weil das Reich finanziell noch nicht gefestigt ist. Außerdem befürchtet Bismarck, daß sich der Reichstag in koloniale Fragen einmischen wird. Sein Vorschlag: Keine unmittelbar dem Reich unterstellten Kolonien, sondern Unterstützung deutscher Handelsgesellschaften in Übersee durch das Deutsche Reich.

2. Gespräch des Kanzlers mit dem Afrikareisenden Eugen Wolf am 5. 12. 1888 (Bußmann, Die auswärtige Politik des Deutschen Reiches unter Bismarck 1871–1890, S. 39; Quellenband II, S. 83).

Zusammenfassung:
Den Vorschlag Wolfs, Deutschland solle in Ägypten aktiv werden, lehnt Bismarck ab, weil er das Risiko einer Auseinandersetzung mit England scheut. Der Schwerpunkt der deutschen Politik liegt nach seiner Meinung in Europa, sie muß sich nach der Lage Deutschlands zwischen Rußland und Frankreich richten.

Erwartete Ergebnisse:
Bismarck befürchtete Konflikte mit den europäischen Kolonialmächten, besonders mit England (Flottenüberlegenheit!). Offizielle deutsche Ansprüche auf Kolonien könnten eine Annäherung zwischen England und Frankreich (Revanche für 1871) zur Folge haben.

1. Erweiterung:
Eine sinnvolle Ergänzung ist die Behandlung der Kongokonferenz von 1884/5, die den imperialistischen Nationen freie Hand gab zur völligen Aufteilung Afrikas (Diareihe z. B.: Afrika – gestern und heute. Jünger-Verlag, Best.-Nr. 731).
2. Erweiterung:
Die Schüler orientieren sich durch einen Kartenvergleich (Afrika in den Jahren 1800; 1850; 1900; Klett-Atlas, S. 29; Putzger Weltatlas, S. 114) über die Aufteilung Afrikas durch die Europäer, die bereits im Jahre 1900 neun Zehntel des Kontinents kontrollierten.

Vorschlag für eine Folie
(1. Stunde, Unterrichtsschritt 5, Alternative)

Ehemalige Deutsche Kolonien in Afrika

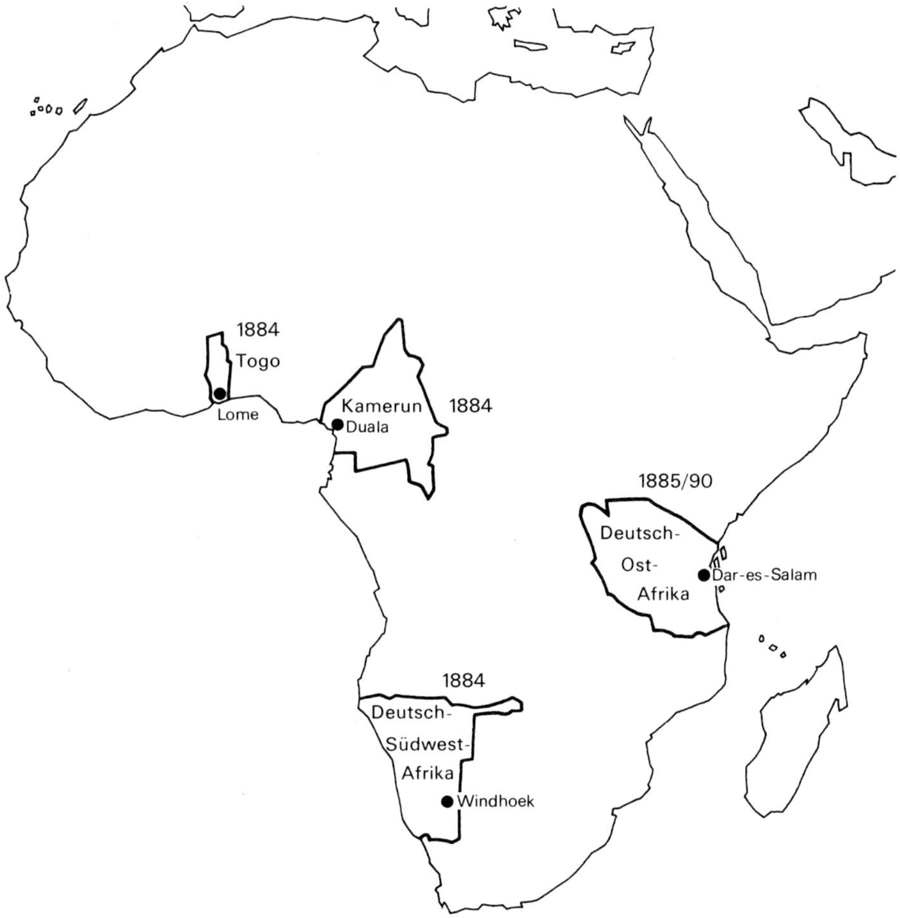

Togo: seit 1960 unabhängig

Kamerun: seit 1960 unabhängig

Südwestafrika (Namibia):
verwaltet von der südafrikanischen Republik. Seit 1990 unabhängig

Ostafrika (Tansania): unabhängig 1961, 1964 vereint mit Sansibar

3. Alternative:
   Eine Kartenskizze zeigt die ehemaligen deutschen Kolonien in Afrika und informiert über die heutigen afrikanischen Staaten, die sich in diesen Regionen bildeten (Vorschlag für eine Folie S. 31).
4. Erweiterung:
   Ein Schüler stellt mit Hilfe des Episkops einige deutsche Kolonialbriefmarken vor (abgedruckt z.B. in „Geschichte mit Pfiff" 4/83, S. 40). Im gleichen Heft findet sich ein Artikel über einen Besuch im heutigen Togo, der in Auszügen vorgelesen werden kann (S. 29ff.).

Mögliche Hausaufgabe:

Zur Entlastung der Stunde kann die Auswertung des Berichts von Peters (Unterrichtsschritt 3) als Hausaufgabe gegeben werden (evtl. Hektographie mit Fragenkatalog).

2. Stunde: Die wirtschaftlich-technischen Grundlagen des Imperialismus

Zur didaktischen Funktion

Diese Stunde soll nicht nur auf die Entwicklung der Technik, vorwiegend in der zweiten Hälfte des 19. Jahrhunderts, anhand von einigen prägnanten Beispielen hinweisen, sondern vor allem die Interdependenz zwischen Technik und Wirtschaft deutlich machen und die wirtschaftlichen Bedingungen imperialistischer Politik hervorheben. Daß das Thema Wirtschaft und Technik an dieser Stelle des Entwurfs erscheint, bedeutet nicht, daß die Entwicklung der Produktivkräfte und der durch sie bedingten Produktionsverhältnisse im marxistischen Sinn als primär wirksamer Motor des Imperialismus verstanden werden soll. Doch soviel ist wohl richtig: Nicht zuletzt der wirtschaftlich-technische Aspekt unterscheidet die imperialistische Expansionspolitik wesentlich von der Methode der Herrschaftsausweitung in anderen Epochen der Geschichte. Der technische Fortschritt und die darauf basierenden neuen Industrien schufen die Voraussetzungen für neue politische Zielsetzungen, für eine neue politische Programmatik in den hochindustrialisierten Staaten Europas, in Japan und in den USA. Die Auswahl der vorgestellten technischen Erfindungen richtet sich weitgehend nach den Interessen der Klasse; wichtig ist allerdings, daß nicht die Erfinder im Mittelpunkt stehen, sondern daß die ökonomischen Bedingungen und Auswirkungen der technischen Neuerungen und ihre Funktion für den Prozeß der Industrialisierung erfaßt werden. Die Folgen dieser Entwicklung zeigten sich z.B. im rapiden Bevölkerungswachstum in den großen europäischen Staaten, in der Zunahme der Industrieproduktion in der Zeit von 1870–1913 und in der effizienten Organisation von Industrie und Kreditwirtschaft. Nur auf diesem Hintergrund werden die Motive imperialistischer Politik verständlich. Am Beispiel einer Rede Wilhelms II. kann deutlich gemacht werden, welche Vorteile für die deutsche Volkswirtschaft vom Erwerb überseeischer Kolonien erwartet wurden. Allerdings ist nicht zu übersehen, daß diese hochgespannten wirtschaftlichen Erwartungen nicht erfüllt werden konnten. In gewisser Weise steht das Beispiel der deutschen Kolonien stellvertretend auch für den tatsächlichen wirtschaftlichen Wert der Kolonien anderer Nationen. Die wirtschaftlichen Hoffnungen und Illusionen erwiesen sich jedoch als starker Impuls für die Politik der europäischen Kolonialmächte, ein Impuls, der sich gleichzeitig mit starkem nationalem Geltungsstreben verband. Die Einsichten, die den Schülern in dieser Stunde vermittelt werden, tragen dazu bei, die Definition des Begriffs Imperialismus zu präzisieren, indem die Größe der Staaten und ihr wirtschaftlich-technischer Standard als typische Elemente einbezogen werden.

Ziele der Stunde

Die Schüler erkennen,
- daß aufgrund neuer technischer Erfindungen in den Großstaaten moderne Industrien entstanden;
- daß die sogenannte „Zweite industrielle Revolution" zu einer raschen Zunahme der Bevölkerung und zu einer enormen Steigerung der Industrieproduktion führte;
- daß die imperialistischen Nationen einen Teil ihrer wirtschaftlichen Probleme mit Hilfe kolonialer Erwerbungen lösen wollten.

Die Schüler erarbeiten
- anhand von Zahlenmaterial das rapide Bevölkerungswachstum in großen europäischen Staaten;
- die jeweilige Steigerungsrate der Industrieproduktion;
- die wirtschaftlichen und sozialen Probleme, die durch eine imperialistische Expansionspolitik gelöst werden sollten;
- eine genauere Definition des Begriffs „Imperialismus".

Die Schüler beurteilen
- die Erwartungen, die mit dem Erwerb von Kolonien verknüpft wurden.

Verlaufsskizze

Unterrichtsschritt 1:
Technischer Standard am Anfang und am Ende des 19. Jahrhunderts (Bildbetrachtung)

Der Vorsprung Englands beim Erwerb von Kolonien gründete sich u.a. auch auf seine gegenüber anderen Ländern weit fortgeschrittene wirtschaftliche und technische Entwicklung. Diese Einsicht führt zur Problemstellung der 2. Stunde: Welche Rolle spielten Wirtschaft und Technik für die imperialistische Politik der europäischen Staaten? Durch Gegenüberstellung zeitgenössischer Darstellungen der technischen Erfindungen, vor allem der Verkehrsmittel am Anfang und Ende des 19. Jahrhunderts, könnten die enormen technischen Veränderungen anschaulich gemacht und das erfahrungsgemäß ohnehin starke Interesse der Schüler an diesem Thema aktiviert werden. (Solche Bilder finden sich z. B. in Fragen an die Geschichte 3, S. 168ff.) Es empfiehlt sich, diese Bilder in einem kurzen Unterrichtsgespräch nur in großen Zügen erläutern zu lassen, damit die Informationen des Referats nicht vorweggenommen werden.

Unterrichtsschritt 2:
Wichtige technische Erfindungen im 19. Jahrhundert

Entsprechend den Interessen der Klasse kann nun in einem oder in mehreren Schülerreferaten über dieses Thema berichtet werden. (Eine Übersicht findet sich in Ludwig, Der Aufstieg der Technik im 19. Jahrhundert, S. 85ff.; Geschichte in Quellen 4, S. 894; und in zahlreichen Lehrbüchern.)

Folgende Erfindungen sollten zur Sprache kommen:
1. Erstes Dampfschiff auf dem Hudson-River: R. Fulton (1807)
2. Stephenson erbaut die erste betriebsfähige Eisenbahn (1814)
3. R. Roberts erhält das Patent auf die automatische Mule-Spinnmaschine (1830)
4. Faraday entdeckt die elektrische Induktion (1831)
5. Forschungsergebnisse als Voraussetzung der neueren Agrikulturchemie und damit der modernen Landwirtschaft: J. v. Liebig (1840)
6. Neuartige Stahlgewinnung nach dem Windfrischverfahren: H. Bessemer (1856)

7. Synthetische Farbherstellung (Anilinviolett) und synthetische Produktion von Medikamenten: Perkin (1856)
8. Erfindung der Dynamomaschine auf der Grundlage des dynamoelektrischen Prinzips: W. Siemens, Ch. Wheatstone u.a. (1866)
9. Brauchbarer Elektromotor von Siemens & Halske durch Umkehrung des dynamoelektrischen Prinzips (1878).
10. Benzinmotor mit Glührohrzündung: G. Daimler und Maybach (1883)
11. Erster Motorflug durch die Brüder Wright (1903)

Das anschließende Unterrichtsgespräch sollte besonders auf die wirtschaftlichen Auswirkungen dieser Erfindungen eingehen. Die Erfindungen auf dem Gebiet der Elektrotechnik führten in den fortgeschrittenen Industriestaaten zur Elektrifizierung der Städte (Kraft- und Lichtversorgung), Straßenbahnen wurden gebaut, Telefonnetze eingerichtet. Aufgrund neuer Technologien entstanden überall neue Industrien (Elektro-, Maschinen-, chemisch-pharmazeutische, Stahlindustrien).
Ergänzende Informationen:
Der industrielle Aufschwung wurde getragen von Großunternehmen, die durch rationalisierte Fertigungsmethoden und preisgünstige Produkte die Märkte beherrschten. Je größer die Unternehmen waren, um so rationeller konnten sie produzieren. Da der Wettbewerb immer schärfer wurde, schlossen sich rechtlich und wirtschaftlich selbständige Unternehmen der gleichen Produktionsstufe zum Zweck der Marktbeherrschung zusammen. Sie bildeten sogenannte Kartelle, die den Wettbewerb ausschalteten.

Ergänzung:
Einer Klasse, die an wirtschaftlichen Dingen besonders interessiert ist, könnten vier verschiedene Arten wirtschaftlicher Zusammenschlüsse genauer erläutert werden:

1. Kartell (Gebiets-, Preis-, Produktions-, Konditionskartell)
2. Syndikat (Verkaufsgesellschaft mit einem gemeinsamen zentralen Absatz)
3. Konzern (Dachgesellschaft unter einheitlicher Leitung)
4. Trust (Vereinigung durch Fusion, meistens durch Gründung einer Holdinggesellschaft)

(Staatensystem und Weltpolitik S. 7; vgl. auch Staatsbürgerkundliche Arbeitsmappe: Zahlenbilder)

Das Wachstum der Industrie wurde gefördert durch Großbanken, die durch Verschmelzung kleinerer Banken entstanden waren. Sie gaben den Unternehmern Kredite, wirkten mit bei der Gründung von Aktiengesellschaften, ihre Direktoren saßen in den Aufsichtsräten der Großfirmen. Die Großbanken der wichtigsten Industrienationen unterhielten Filialen in anderen Ländern, finanzierten Auslandsgeschäfte, vermittelten Kredite an ausländische Firmen und investierten selbst in ausländische Unternehmen (Kapitalexport) (vgl. Ripper, Politik und Theorie des Imperialismus, S. 23ff.).

Unterrichtsschritt 3:
Wirtschaftliches Wachstum und Bevölkerungszunahme

Auswertung von Zahlenmaterial in Stillarbeit mit dem Ziel, den Schülern die wirtschaftlichen Veränderungen und die Zunahme der Bevölkerung in den Industrieländern zu verdeutlichen (Arbeitsblatt 2).

1. Bevölkerungszahlen der imperialistischen Hauptmächte (nach: Ripper, Politik und Theorie des Imperialismus, S. 15ff.)
   Die Berechnung ergibt:
   Bevölkerungszuwachs von 1881–1909
   – in den USA: 71%
   – in Rußland: 73%
   – in England: 30%
   – in Deutschland: 34%
   – in Frankreich: 6%

(Durchschnittliche Zunahme der Bevölkerung: 43%).

2. Stahl- und Schmiedeeisenproduktion in Mill. Tonnen von 1880–1910.
   Das Deutsche Reich weist im Jahre 1910 die höchste Produktionsquote auf, gefolgt von England, Frankreich, Belgien.
3. Die Steigerung der Industrieproduktion von 1870–1913 (1913 = 100).
   Gemessen an den absoluten Zahlen steht England immer noch an der Spitze in der Industrieproduktion (1870–1913), nach England und Frankreich erscheint an dritter Stelle Deutschland. Die USA weisen die größte Steigerungsrate innerhalb eines Jahrzehnts auf (von 1900–1910 von 54 auf 89), Rußland die niedrigste (von 1870–1880 von 13 auf 17), aber auch die zweithöchste in der Zeit von 1890–1900.

Wenn man die prozentuale Steigerungsrate von 1870–1913 berücksichtigt, ergibt sich folgende Rangordnung:

1. USA	809%
2. Rußland	646%
3. Deutschland	494%
4. Frankreich	261%
5. England	193%

(Durchschnittliche Steigerung: 480%)

Das anschließende Unterrichtsgespräch könnte auf die unterschiedliche wirtschaftliche Entwicklung der Industriestaaten näher eingehen. Dabei wird der Lehrer durch zusätzliche Informationen einige Voraussetzungen für das jeweils verschiedene Tempo der industriellen und wirtschaftlichen Entwicklung klären.

Es wird deutlich, daß Rußland vor allem in der Zeit von 1870–1880 ein industriell wenig entwickeltes Land war. Dem russischen Finanzminister Graf Sergej Witte (seit 1892) gelang es aber durch planmäßige staatliche Förderung, durch Eisenbahnbau, Schutzzollpolitik und mit Hilfe französischer Kredite, die Industrialisierung des Landes energisch voranzutreiben.

4. Aufgrund riesiger Rohstoffvorkommen, durch den Einsatz einer hochentwickelten Technologie, durch konsequente Arbeitsteilung und Massenproduktion (Fließband), durch den Zusammenschluß verschiedener Betriebe unter einheitlicher Leitung (Konzerne) und eine entwickelte Kreditwirtschaft (Großbanken) erreichten die Vereinigten Staaten schnell den Anschluß an die führenden Industrienationen des Westens.
   Den Schwerpunkt des Unterrichtsgesprächs bildet die Frage, welche Probleme und Konsequenzen sich aus diesen Entwicklungen bei den großen Industriestaaten ergeben könnten.

Gesprächsimpulse:
- Welche Folgen kann die rasche Zunahme der Bevölkerung haben?
- Wie wirkten sich die wirtschaftlichen Interessen der technisch-wirtschaftlich hochentwickelten Staaten auf ihre Außenpolitik aus?
- Welche wirtschaftlichen und sozialen Probleme glaubten sie durch Expansionspolitik lösen zu können?

Angestrebte Ergebnisse:
- Zwar vermehrte die Vergrößerung der Bevölkerungszahl die Absatzmöglichkeiten für Industriegüter auf den Binnenmärkten der Industriestaaten, gleichzeitig wuchs aber auch die Zahl der Arbeitslosen;
- Kolonien konnten überschüssige Arbeitskräfte aufnehmen, diese Regionen boten freien Zugang für weiße Siedler;
- für ihre überproportional gestiegene Produktion suchten die Industriestaaten überseeische Absatzmärkte, die mit Hilfe verbesserter Transportsysteme erschlossen werden konnten;
- die herrschenden Kreise waren davon überzeugt, daß die Ausfuhr industrieller Fertigwaren aus den technisch und wirtschaftlich hochentwickelten Staaten und

der Import von Rohstoffen aus den unterentwickelten und abhängigen Gebieten einem gleichsam natürlichen und dauerhaften Zustand wirtschaftlich vernünftiger Arbeitsteilung zwischen Kolonialherren und kolonisierten Völkern entsprächen;
- durch die rapide Entwicklung der Warenproduktion und des Verkehrswesens sammelte sich in den Industriestaaten überschüssiges Kapital an, das in den Kolonien investiert werden konnte;
- der Erwerb von Kolonien schien also im Interesse der großen Industriestaaten zu liegen, und eine expansive Außenpolitik wurde von der öffentlichen Meinung, von Unternehmern, Kaufleuten, Militärs, national gesinnten Politikern, Publizisten und Künstlern nachhaltig gefordert und unterstützt.

Unterrichtsschritt 4:
Motive der Kolonialpolitik
(Quellenauswertung)

Folgende Texte (Hektographien) werden im Unterrichtsgespräch analysiert:

1. Tischrede Kaiser Wilhelms II. zur Denkmaleinweihung in Köln vom 18. 6. 1897 (Quellenband II, S. 28; Ripper, Politik und Theorie des Imperialismus, S. 28).
   Textinhalt:
   Der Kaiser begründet die Notwendigkeit einer deutschen Flotte; er will Frieden, aber auch die Ehre des Reiches „in jeder Weise" hochhalten und der deutschen Industrie die notwendigen Absatzgebiete sichern.
2. Carl Peters: Warum Kolonien für Deutschland? (Handbuch des Geschichtsunterrichts, Bd. 5, S. 104)
   Der siegreiche Krieg von 1870/71 hat bewiesen, daß die Deutschen das kriegsstärkste Volk der Erde sind, deswegen ist es unerträglich, daß Deutschland nicht wie andere Staaten Kolonien besitzt; diese Tatsache ist beschämend für den deutschen Nationalstolz. Das große Vorbild ist die Kolonialmacht Großbritannien. Kolonien sind volkswirtschaftlich nützlich; der einzelne kann dort ein Vermögen verdienen, daraus entwickeln sich Freiheitsgefühle und Selbstbewußtsein.

Impulse:
Vergleicht die beiden Texte! – Welches Verhältnis besteht zwischen nationalen und wirtschaftlichen Gesichtspunkten? In beiden Texten spielt die Konkurrenzsituation der imperialistischen Nationen eine Rolle: Es entspricht dem Rang einer Großmacht, daß sie am Rennen um eine Stellung als Weltmacht teilnimmt. Gleichzeitig aber wird die Überzeugung vertreten, daß Kolonialpolitik nützlich und wirtschaftlich notwendig ist.

1. Erweiterung:
   Das Verhältnis zwischen Illusion und Realität kann am Beispiel der deutschen Kolonien aufgezeigt werden. Die Auswertung einer Tabelle: Realwert der deutschen Kolonien (Handbuch des Geschichtsunterrichts, Bd. 5, S. 106) zeigt den minimalen Anteil des Handels mit den Kolonien, verglichen mit dem gesamten Handel Deutschlands mit fremden Ländern im Jahre 1913.
2. Erweiterung:
   Eine Auswahl englischer Quellentexte verdeutlicht Motive und Prinzipien der imperialistischen Expansionspolitik Großbritanniens (Joseph Chamberlains Rede vom 6. Oktober 1903; Thomas Carlyle, Englands Aufgabe [1850]; Charles Dilke, Die Zukunft der angelsächsischen Rasse [1868]; John Ruskin's Oxforder Antrittsrede [1870]. In: Quellenband II, S. 108–111; vgl. auch Alter, Der Imperialismus, S. 14ff.).

Unterrichtsschritt 5:
Der Begriff „Imperialismus" (Erweiterung)

Das abschließende Unterrichtsgespräch wird sich auf die Frage konzentrieren: In welcher Weise müssen wir nach den Informationen dieser Stunde unsere vorläufige Begriffsbestimmung des „Imperialismus" erweitern? Erweiterte Definition: „Expansion wirtschaftlich fortgeschrittener Länder, vorwiegend von Großstaaten ..." (s. Vorschlag für eine Folie S. 26).

Alternativen:
Wenn die technischen Erfindungen ausführlicher vorgestellt werden, muß der Unterrichtsschritt 2 gekürzt werden. Der Lehrer kann ganz knapp über das Bevölkerungswachstum informieren, die Stillarbeit wird sich auf die Statistik der Industrieproduktion beschränken. Auch Unterrichtsschritt 4 könnte durch Konzentration auf den zweiten Text (Peters) gekürzt werden.

Hausaufgabe:

Die Schüler informieren sich in einem Lexikon über die verschiedenen Bedeutungen des Begriffs „Ideologie" und halten das Ergebnis in Stichworten fest (s. 3. Stunde, Unterrichtsschritt 2).

3. Stunde: Die Ideologie des Imperialismus

Zur didaktischen Funktion

In Unterrichtsschritt 1 werden zunächst die wirtschaftlichen Beziehungen zwischen Kolonialmacht und abhängigen Kolonien konkretisiert. In diesem Zusammenhang wird der Begriff „Monokultur" eingeführt, der für das Verständnis der wirtschaftlich abhängigen Situation der Kolonien wichtig ist. Die Auswertung der Statistik über den Realwert der deutschen Kolonien (2. Stunde) hatte klargemacht, daß der wirtschaftliche Faktor allein die imperialistische Politik nicht erklären kann. Es sind daneben immer auch andere Überlegungen und Motive, mit denen die maßgeblichen Politiker ihr expansionistisches Programm begründeten. Die vorgestellten Texte sind so ausgewählt, daß die Vertreter der wichtigsten imperialistischen Nationen zu Wort kommen. Nachdem das Leben des deutschen Kolonialpolitikers Carl Peters vorgestellt wurde, empfiehlt es sich, eine Kurzbiographie des erfolgreichsten imperialistischen Politikers Englands, Cecil Rhodes, zu geben. Die Biographien einiger maßgeblicher Persönlichkeiten der Zeit sind deswegen wichtig, weil sie die frappante Übereinstimmung zwischen gesellschaftlichen Strukturen, zeittypischen Ideen und den Zielen und Methoden der handelnden Personen sichtbar machen.
Die vorgelegten Zeugnisse imperialistischen Denkens sind prägnant und verständlich und eignen sich deswegen besonders für die Gruppenarbeit. Die Schüler erkennen beim ersten Durchlesen der Texte, welchen hohen Rang die weißen Nationen sich selbst zubilligen und wie die Kolonialvölker abgewertet werden. Im Verlauf der Stunde wird dann immer deutlicher: Beide Verfahren, Aufwertung des eigenen Rangs und Abwertung des Fremden, Andersartigen gehen von falschen Voraussetzungen aus; das könnte durch den Hinweis auf die Geschichte und Kultur eines Volkes vor seiner späteren Kolonisierung durch die Europäer klargemacht werden. Die ideologischen Begründungen imperialistischer Politik sind der Ausdruck eines falschen Bewußtseins.
Nach der Gruppenarbeit soll Raum gelassen werden für die kritische Stellungnahme der Schüler. Wenn auch die Basis für ihr Urteil in dieser Phase der Unterrichtseinheit noch schmal ist, so erkennen sie doch die Problematik der vorgebrachten Rechtfertigungsversuche. Erst nach der Beurteilung der Texte durch die Schüler sollte ihre Kritik konfrontiert werden mit der Imperialismuskritik Lenins oder Hobsons. Die Schüler der Mittelstufe wären sicher überfordert, wenn sie ihrerseits Lenins oder Hobsons Kritik mit einigermaßen stichhaltigen Argumenten kritisieren sollten; aber nachdem sie in den vorhergehenden Stunden etwas über die verschiedenen Voraussetzungen des Imperialismus erfahren haben, kann ihnen klar wer-

den, daß monokausale Erklärungen komplexen historischen Phänomenen nicht gerecht werden können.

Ziele der Stunde

Die Schüler erkennen,
- daß sich die weißen Kolonialvölker als von Gott dazu auserwählt betrachteten, den „primitiven Heiden" die Segnungen der europäischen Kultur zu bringen;
- daß sich hinter diesen Rechtfertigungsversuchen des Imperialismus ein ausgeprägtes nationalistisches Denken verbarg;
- daß das Sendungsbewußtsein der Weißen ein falsches Bewußtsein im Sinne des Ideologiebegriffs war.

Die Schüler erarbeiten
- die Argumente, die Lenin seiner Imperialismuskritik zugrunde legte.

Die Schüler beurteilen
- die ideologischen Begründungen imperialistischer Politik.

Verlaufsskizze

Unterrichtsschritt 1:
Kolonialwaren und Monokultur

In einer kurzen Informationsphase erhalten die Schüler Aufschluß über die wichtigsten Wirtschaftsgüter, die im Handel der Industriestaaten mit ihren Kolonien eine Rolle spielten:

Die typischen „Kolonialwaren", die aus den Kolonien importiert wurden, waren Gewürze, Kaffee, Kakao, Früchte, Reis; dazu kamen Baumwolle, Hölzer, Bodenschätze. Die Industriestaaten exportierten vorwiegend Fertigprodukte. Die Vorteile liegen auf der Hand: Arbeitsintensive Fertigprodukte konnten teuer verkauft werden, die eingeführten Rohstoffe waren billig. Der ausschließliche Anbau gewisser Pflanzenarten, die für die Kolonialherren wichtig waren, wurde von diesen begünstigt oder auch erzwungen („Monokulturen", z.B. Baumwolle, Kaffe). Dadurch wurden die Kolonien in wirtschaftlicher Abhängigkeit gehalten. – Aber es waren nicht nur wirtschaftliche Gründe, die die großen europäischen Staaten veranlaßten, Kolonien zu erwerben.
Ideologische Begründungen sollten die politische und wirtschaftliche Unterwerfung unterentwikkelter Völker in Übersee als notwendig und legitim erscheinen lassen.

Unterrichtsschritt 2:
Einige Vertreter imperialistischen Denkens

Vorbereitung einer Gruppenarbeit: kurze Information über die Verfasser der Texte. Zuvor sollte der Begriff „Ideologie" geklärt werden; die Schüler hatten sich zu Hause über zwei grundsätzliche Bedeutungen informiert: 1. Ideologie im marxistischen Sinn meint jeden „Überbau" (Kultur, Geisteswelt, Weltanschauung), der sich aufbaut auf den als grundlegend betrachteten sozialen und ökonomischen Verhältnissen. 2. Hier ist der negative Begriff gemeint, Ideologie ist „falsches Bewußtsein", d.h. eine Theorie, die den zugrunde liegenden Sachverhalten nicht entspricht. Weitere Informationen zum Thema Ideologie in: Herzog, R. u.a. (Hrsg.), Evangelisches Staatslexikon, Stuttgart ^{3}1987, Bd. 1, S. 1303–1311; Lieber, H.-J. (Hrsg.), Ideologie und Gesellschaft. Wege der Forschung, Darmstadt 1975, Bd. CCCXLII; ders., Ideologie. Eine historisch-systematische Einführung, Paderborn 1985; Pelinka, A. (Hrsg.), Ideologien im Bezugsfeld von Geschichte und Gesellschaft, Innsbruck 1981; Mickel, W. (Hrsg.), Handlexikon zur Politikwissenschaft, München 1986, S. 207–211; Bracher, K. D., Zeit der Ideologie. Eine Geschichte politischen Denkens im 20. Jahrhundert, Stuttgart 1982; Nohlen, D., Schultze, R.-O. (Hrsg.), Politikwissenschaft. Theorien, Methoden, Begriffe, München, Zürich 1985, Bd. 1, S. 349ff.
Anschließend wird den Schülern das Arbeitsblatt 3 vorgelegt. Ehe die Quellentexte

auf einzelne Gruppen aufgeteilt werden, kann der Lehrer die Verfasser kurz charakterisieren:

1. Cecil Rhodes: gilt als typischer Repräsentant des imperialistischen Politikers. Sein Leben und seine Leistungen im Dienste Großbritanniens verdienen eine ausführliche Darstellung. Folgende Daten sind für seine Biographie von Bedeutung: geb. 1853 in Bishop-Stortford, gest. 1902 in Kapstadt. Schon als sechzehnjähriger Junge verließ er England und ging nach Südafrika, um eine Lungenkrankheit auszukurieren. Später erwarb er dort durch Ausbeutung von Diamantenfeldern ein riesiges Vermögen („Diamantenkönig"). 1884 wurde er Finanzminister. Auf seinen Rat hin eroberte Britannien im Jahre 1884 das Betschuanaland. Rhodes war Leiter der von ihm mitbegründeten „Südafrikanischen Gesellschaft" und eroberte in deren Auftrag das Matabele- und Maschonaland. 1890–96 war er Präsident der Kapkolonie, betrieb die Angliederung des nach ihm benannten „Rhodesien" an das britische Südafrika, verteidigte vom Oktober 1899 bis Februar 1900 Kimberley erfolgreich gegen die Buren, die er zum Anschluß an das brit. Südafrika zwingen wollte. Cecil Rhodes war ein ebenso rücksichtsloser wie erfolgreicher Eroberer im Dienste Englands.
2. Rudyard Kipling (1865–1936), englischer Schriftsteller, weitgereister Journalist, langer Indienaufenthalt, schilderte Indien zur Zeit der britischen Herrschaft („Das Dschungelbuch", „Kim"), 1907 Nobelpreis.
3. Fjodor Michailowitsch Dostojewski (1821–1881), russischer Romancier („Schuld und Sühne" 1866; „Die Dämonen" 1871; „Die Brüder Karamasoff" 1879/80).
4. Gabriel Hanotaux (1853–1944), französischer Historiker und Politiker, von 1894–98 Außenminister.
5. Albert Beveridge (1862–1927), amerikanischer Senator.

Unterrichtsschritt 3:
Wie wird die imperialistische Politik gerechtfertigt? (Quellenauswertung)

Die Ergebnisse der Gruppenarbeit werden im anschließenden Unterrichtsgespräch systematisiert und als Tafelanschrieb festgehalten.

Gesprächsimpulse:
- Welche Motive stehen im Vordergrund?
- Gibt es Unterschiede in der Argumentation?
- In welchem Licht erscheinen die kolonisierten Völker?

Folgende Gesichtspunkte können erörtert werden:
- Die europäischen Großmächte und die USA rechtfertigen ihre imperialistische Politik mit ähnlichen, vorwiegend ethisch verbrämten Motiven;
- bis auf Hanotaux und Wilhelm II. betrachten alle ihr eigenes Volk als von Gott oder vom Schicksal beauftragt;
- der religiöse Bezug auf das biblische Muster vom auserwählten Volk wird am deutlichsten bei Dostojewskis Romanfigur: Nach Schatows Überzeugung hat das russische Volk ähnlich wie Christus die Aufgabe, die anderen Völker von ihren Göttern zu befreien und zur Erkenntnis des wahren Gottes zu führen, der sich nur dem russischen Volk unmittelbar offenbart hat. Deshalb darf dieses Volk den ersten Rang in der Völkerwelt beanspruchen;
- der Status des Auserwähltseins zeigt sich in der zivilisatorischen Überlegenheit aller dieser Nationen – so sehen es die Verfasser;
- die großen europäischen Nationen und die USA sind beauftragt, für die Ausbreitung von Gerechtigkeit, Ordnung, Frieden, Gesittung in der Welt besorgt zu sein; sie bringen den Kolonialvölkern die Segnungen der Zivilisation (Sicherung der Ernährung, Technik, Medizin, Kultursprachen, Erziehung zur Arbeit, Befreiung vom Heidentum – vgl. Kipling). Sie sind bereit, sich der schweren Aufgabe zu stellen, Herrscher und zugleich Vormund zu sein;
- das eigene System wird als Modell für die Verwirklichung dieser Werte und Ziele fraglos akzeptiert;

– die Eingeborenen Afrikas und Asiens müssen – darin sind sich die Verfasser einig – in ihrem eigenen Interesse zu ihrem Glück gezwungen werden, denn sonst verharren sie auf ihrer niederen Entwicklungsstufe. Von Natur aus sind sie nämlich faul, unbegabt, kultur- und geschichtslos;
– folglich ist ihr Land „freies" Land (nobody's country), nach dem Recht des Stärkeren gehört es den überlegenen Völkern, die es europäisieren und damit humanisieren.

Unterrichtsschritt 4:
Kritik der ideologischen Begründung

Die Legitimationsversuche werden in der nun folgenden Diskussion kritisch geprüft. Folgende Fragen könnten das Gespräch in Gang bringen:
– Was haltet ihr von diesen Äußerungen?
– Was könnte dagegen eingewendet werden?
– Welches uns schon bekannte Motiv für imperialistische Expansionspolitik erscheint nur am Rande?

Diese Überlegungen leiten über zu einem Text von Lenin, der den Imperialismus als höchste Stufe des Kapitalismus kritisiert (s. Arbeitsblatt 3, II).
Erwartete Schülerantworten (Ergänzungen durch den Lehrer):
– Die freie Konkurrenz, die typisch ist für den Kapitalismus, wird im Imperialismus als der höchsten Form des Kapitalismus abgelöst durch die kapitalistische Monopolbildung;
– die Großbanken suchen Anlagemöglichkeiten für ihr überschüssiges Kapital in kolonialen Territorien, die Kolonialvölker werden zu Objekten finanzieller und wirtschaftlicher Ausbeutung.
– Lenin unterschätzte den Einfluß der Staatsräson (gemeint ist die Sicherung des Staates als Machtproduzent und Machtinstrument) auf die Außenpolitik der imperialistischen Staaten. Der Zusammenhang zwischen wirtschaftlichen Interessen und imperialistischer Expansion ist keineswegs so eindeutig und zwingend wie Lenins Darstellung suggeriert: „Der ägyptische Khedive wurde von England weniger zur Garantie der Aktienteilhabe an der Suezkanal-Gesellschaft als vielmehr aus dem politisch-strategischen Motiv der Sicherung der Verbindung nach Indien gestützt. Tunesien wurde von Frankreich in Besitz genommen, um die Sicherheit Algeriens zu erhöhen und vor allem um der Übernahme durch Italien zuvorzukommen." (Vgl. Winfried Baumgart, Zur Theorie des Imperialismus, in: Aus Politik und Zeitgeschichte, Beilage zur Wochenzeitung „Das Parlament", B 23/71, S. 4f.)

Alternative:
Anstelle von Lenin könnte bei einer besonders aufgeschlossenen Klasse ein Kritiker des Imperialismus zu Wort kommen, dessen Ideen von vielen marxistischen Theoretikern wiederaufgegriffen wurden (z.B. von Hilferding, Luxemburg, Lenin): J. A. Hobson (1858–1940) (in: Ripper, Politik und Theorie des Imperialismus, S. 53ff.; Alter, Der Imperialismus, S. 82; Politik und Gesellschaft 1, S. 184f.).
Seine These: Aufgrund der kapitalistischen Gesellschaftsstruktur kommt es bei den Vertretern der herrschenden Klasse zu einer Häufung von Kapital, das nicht angelegt werden kann, da die breiten Massen zu arm sind, um genügend konsumieren zu können. Dadurch werden die Kapitalisten gezwungen, nach gewinnbringenden Investitionsmöglichkeiten in Übersee zu suchen. Um diesen Zweck zu erreichen, setzen die Oberschichten in den Industriestaaten ihre Regierungen unter Druck, damit sie ihnen durch den Erwerb von Kolonien diese Kapitalanlagemöglichkeiten verschaffen („Unterkonsumptionstheorie").

Erweiterung:
Ein Schüler referiert über das Thema: „Aus der Geschichte eines afrikanischen Landes." Besonders geeignet ist die Darstellung der Geschichte Ghanas etwa unter dem Titel „Ghana – Aus der Geschichte eines afrikanischen Staates vor der Kolonialzeit" (dazu: B. Davidson, Urzeit und Geschichte Afrikas. Rowohlts deutsche Enzyklopädie 125/6; P. Bertaux, Afrika bis zum Kommen

der Europäer. Propyläen Weltgeschichte Bd. 8). Afrika war entgegen der Meinung imperialistischer Politiker kein geschichtsloses, barbarisches Land. Seit dem 8. Jahrhundert n. Chr. gab es im westlichen Sudan organisierte Staaten, zwar ohne Schriftkultur, aber mit einem zivilisatorischen Standard (architektonische Leistungen, Eisenwaffen, Goldhandel). Durch das Gold wurde die Macht Ghanas und des Mandingoreiches begründet (1914 Ausgrabung der ehemaligen Hauptstadt Kumbi Saleh).

Alternative:
Ebenfalls als Schülerreferat kann ein Bericht über China gegeben werden (dazu: Hoffmann, Der Imperialismus und der Erste Weltkrieg, S. 12–17; Bauer, China – Vom Ende des Kaiserreichs zur neuen Weltmacht, S. 2–4).

Hausaufgabe:

Jeweils für die Hälfte der Klasse, schriftlich (s. 4. Stunde, Unterrichtsschritt 5):

1. Ein schwarzer Pastor beklagt sich in einer Leserzuschrift an eine englische Zeitung über die rücksichtslose Kolonialpolitik der Europäer in Afrika.
2. Ein weißer Kolonialbeamter verteidigt diese Politik in einem Zeitungsartikel.

4. Stunde: Der Ausbau des britischen Empire und die Methoden imperialistischer Herrschaft

Zur didaktischen Funktion

Der Modellcharakter des englischen Imperialismus wird durch eine Kartenübersicht vermittelt. Der anschließende Text von Salisbury ist geeignet, das Phänomen des Sozialdarwinismus zu erhellen, seine eigentliche Bedeutung liegt aber darin, daß der Autor eine erste Antwort gibt auf die Frage: Mit welchen Methoden dehnten die Engländer ihre Herrschaft in Afrika aus?
Ein kurzer Rückblick auf die Ergebnisse der vorhergehenden Stunden erweitert das Spektrum der imperialistischen Herrschaftsmethoden: Neben die technischen und militärischen Mittel, auf die der Salisbury-Text hinweist, tritt der Einsatz politischer Mittel zur Herrschaftsgewinnung und -sicherung.
Die Geschichtserzählung „Die Engländer in Ägypten“ hat eine doppelte Funktion: Sie zeigt 1. die desolate finanzielle Situation Ägyptens im Jahre 1875, die u. a. ein Resultat der Abhängigkeit des Landes war vom internationalen Kapital. Diese wirtschaftliche Abhängigkeit diente den Zielen der imperialistischen englischen Politik; 2., daß der finanzielle Bankrott Ägyptens den Engländern die Möglichkeit gab, die Verwaltung des Landes zu übernehmen, wobei sie ihr System der indirekten Herrschaft anwandten.
Durch einen Vergleich der direkten Herrschaft, die am Beispiel der Instruktionen für den französischen Bevollmächtigten im Kongo wenigstens in Ansätzen gezeigt werden kann, mit der von den Engländern bevorzugten „indirect rule“ erarbeiten die Schüler die typischen Elemente der englischen Methode. Es wird klar, warum der Prozeß der späteren Emanzipation der Kolonialvölker durch die indirekte Herrschaft gefördert wurde. Durch die Gegenüberstellung eines positiven Aspekts (Förderung der späteren Entkolonisierung) und eines negativen (F. Fanon) soll eine Diskussion angeregt werden über die mögliche Beurteilung des Imperialismus in seiner Bedeutung für die Kolonialvölker. Damit dieses Gespräch nicht zu vorschnellen und einseitigen Resultaten führt, empfiehlt es sich, den Text des Nigerianers Ekong in die Auseinandersetzung einzubeziehen.

Ziele der Stunde

Die Schüler erkennen,
– daß England und andere imperialistische Staaten neben militärischen und politi-

schen auch technische und wirtschaftliche Mittel zum Ausbau ihrer Kolonialreiche einsetzten;
- daß das System der indirekten Herrschaft die Emanzipation der Kolonialvölker vorbereitete.

Die Schüler erarbeiten
- anhand einer Weltkarte die maximale Ausdehnung des britischen Empire;
- durch die Auswertung einer Geschichtserzählung die Struktur der indirekten Herrschaft.

Die Schüler beurteilen
- die positiven und negativen Auswirkungen des Imperialismus für die Kolonialvölker.

Verlaufsskizze

Unterrichtsschritt 1:
Die Ausdehnung des britischen Weltreiches

Anhand einer Weltkarte orientieren sich die Schüler über die Ausdehnung des britischen Weltreichs auf dem Höhepunkt seiner Machtentfaltung (Klett-Atlas, S. 29; Putzger-Atlas, S. 109). Da gegen Ende des 19. und zu Beginn des 20. Jahrhunderts die Kolonialisierung Afrikas eindeutig im Vordergrund der europäischen Kolonialpolitik stand, ist es sinnvoll, wenn man nach diesem Kartenüberblick der Klasse eine Auswahl aus einer Diaserie über Afrika vorführt (etwa: „Afrika gestern und heute" Jünger Verlag 713). Dabei sollte der Anteil Englands in den Vordergrund gerückt werden.

Unterrichtsschritt 2:
Imperialistische Methoden der Herrschaftsausübung

(Quellenauswertung: Salisbury, lebende und sterbende Nationen, s. Arbeitsblatt 4). Zusammenfassung des Inhalts: Salisbury teilt die Nationen der Welt in zwei Gruppen ein, in die lebenden und die sterbenden Völker. Typisch für die zweite Gruppe ist folgendes: Auflösung und Verfall schreiten in diesen meist nichtchristlichen Gesellschaften voran, sie werden ihre Länder an die lebenden Völker verlieren. Diese besitzen große Macht durch eine perfekte staatliche Organisation, ihr Herrschaftsgebiet weitet sich aus. Mit Hilfe ihrer Eisenbahnen können sie ihre Armeen überall rasch einsetzen, die Wissenschaft hat ihnen schlagkräftige Waffen in die Hand gegeben.

Im anschließenden Unterrichtsgespräch wird festgehalten, daß der Autor von der Völkerwelt spricht, als ob in der Geschichte das Recht des Stärkeren als unerschütterliches Naturgesetz walte („Sozialdarwinismus"). Er hat dabei die Kolonialvölker im Auge, die ihr Land zwangsläufig an die starken, d. h. imperialistischen Mächte verlieren werden, denn diese Nationen verfügen über Eisenbahnen (und Dampfboote!) und hochgerüstete Armeen.
- Welche anderen Methoden wurden von den Engländern beim Erwerb von Kolonien angewendet?

Diese Überlegung soll die Ergebnisse der 2. Stunde wieder in Erinnerung rufen. Vor allem in Afrika wurden die meisten Kolonien nicht durch kriegerische, sondern durch diplomatische Mittel gewonnen.

Unterrichtsschritt 3:
Das englische System der „indirekten Herrschaft"

Geschichtserzählung: Die Engländer in Ägypten (nach: Hoffmann, Der Imperialismus und der Erste Weltkrieg, S. 2ff.)

Im Dezember des Jahres 1875 wird in Alexandria von den ägyptischen Behörden ein gewisser Mr.

Cave mit recht gemischten Gefühlen willkommen geheißen. Cave handelt als Sonderbeauftragter der britischen Regierung. Seine Aufgabe ist es, die finanzielle Situation Ägyptens zu untersuchen. Einige Wochen vorher hatte der englische Premierminister vom ägyptischen Khediven Ismail Suezkanalaktien gekauft. Allerdings hatte dieser seine Aktien bereits der Kanalgesellschaft verpfändet und mußte daher die Zinsen für die Aktien den Engländern bezahlen. Mit Erstaunen stellt der Sonderbeauftragte fest, daß Ägypten unter der Herrschaft des nur noch nominell von den Türken abhängigen Khediven in kurzer Zeit nach europäischem Vorbild modernisiert worden ist (Straßen, Eisenbahnen, Zuckerfabriken, Bewässerungsanlagen, Schulen); sein Erstaunen wird noch größer, als er feststellen muß, welchen Preis das Land für die Finanzierung der Reform bezahlt hat. Europäische Privatbanken hatten Kredite zu einem Zinssatz von 20% gegeben, mittlerweile belaufen sich die Staatsschulden auf die horrende Summe von 91 Mill. Pfund (1875). Ägypten muß seine Zahlungsunfähigkeit erklären und eine ausländische Finanzverwaltung akzeptieren. Ein Engländer und ein Franzose treten in die Regierung ein. Später muß der Khedive sogar unter englischem Druck zugunsten seines Sohnes abdanken. Sechs Jahre später kommt es zu einem Aufstand der nationalen Opposition unter dem Obersten Arabi. Englands Truppen besiegen die Aufständischen in der Schlacht von Tel-el-Kebir am 13. 9. 1882. Die nationale Revolution ist gescheitert. Das Land kommt unter britische Verwaltung, Sir Evelyn Baring wird zum britischen Generalkonsul ernannt, in Wirklichkeit ist er der englische Statthalter in Ägypten. Höhere britische Beamte arbeiten als „Berater" in vielen Ämtern, oft unter Ägyptern, die nominell ihre Vorgesetzten sind. Besonders wichtige Institutionen (Polizei, Sanitätswesen, vor allem die Armee) werden aber von Engländern geleitet. Die Industrialisierung des Landes wird gestoppt, das Entstehen einer einheimischen Baumwollindustrie wird verhindert, Ägypten muß 1,5 Mill. Pfund an England zahlen. Andererseits werden die Regierungsmethoden humanisiert, das Justiz- und Sanitätswesen reformiert, Frondienste und Korruption abgeschafft.

Gesprächsimpulse:

- Durch welche Mittel gelingt es England, in Ägypten Fuß zu fassen?
- Welche Ziele verfolgte England?
- Versuche, die Art der britischen Herrschaft zu charakterisieren!

Ergebnis:
Zu den politischen, technischen und militärischen Mitteln treten wirtschaftliche Aktionen. Als Gläubiger des verschuldeten Landes bringen die Europäer, besonders auch die Engländer, Ägypten in politische Abhängigkeit. Durch die Oberherrschaft über dieses Land will England den Seeweg nach Indien sichern. Durch Beschränkung der ägyptischen Landwirtschaft und Industrie wurde die Prosperität der englischen Industrie garantiert und gefördert. Die englische Herrschaftsmethode, die sogenannte „indirect rule", basiert auf der nominellen Autorität der ägyptischen Beamten, die in Abhängigkeit von den Vertretern der britischen Krone regieren und verwalten. Von den Ägyptern gehen die Anordnungen aus – allerdings in Übereinstimmung mit den tatsächlichen Herren des Landes, die sich nicht direkt einmischen, sondern die als Berater mittelbaren Einfluß ausüben, indem sie sich in die ägyptische Verwaltungshierarchie eingliedern. Nur die wichtigsten Einrichtungen unterstehen der direkten Leitung englischer Beamter; im übrigen wird den einheimischen Behörden eine gewisse Autonomie zugestanden.
Die vier Methoden imperialistischer Politik und das System der indirekten Herrschaft können in Tafelbildern anschaulich gemacht werden.

Unterrichtsschritt 4:
Vergleich der indirekten mit der direkten Herrschaft

Quellenarbeit: Aus den Instruktionen für den französischen Bevollmächtigten im Kongo, Pierre de Brazza-Savorgnan, vom 5. Februar 1884 (s. Vorschlag für ein Arbeitsblatt S. 44).
Zusammenfassung:
Der Bevollmächtigte soll die Schwarzen an den Gedanken gewöhnen, daß sie der französischen Verwaltung der Kolonie unterstellt

werden. Der französische Schutz schafft Frieden und Freiheit in diesem Land, dadurch wird die Intervention gerechtfertigt. Was ist typisch für die französische Form der kolonialen Herrschaft?
Bei der Beantwortung dieser Frage ist es notwendig, daß der Lehrer weitere Informationen gibt:

Das Ziel der französischen Kolonialpolitik war die Gleichstellung der neugewonnenen Gebiete mit dem Mutterland, und zwar in politischer, wirtschaftlicher und rechtlicher Hinsicht. Die französischen Kolonien werden sozusagen als Verlängerungen des Mutterlandes aufgefaßt (Prinzip der Assimilation).

Das folgende Unterrichtsgespräch könnte sich nun mit der Frage beschäftigen, welche Vorteile die indirekte Herrschaft gegenüber der direkten für die Bevölkerung der Kolonien mit sich bringen kann.

Mögliche Ergebnisse: 1. die Gesellschaftsordnungen der Eingeborenen werden geschont. 2. sie erhalten ein beschränktes Mitwirkungsrecht. 3. die relative Selbständigkeit der Eingeborenen unter britischer Herrschaft kann den Prozeß der politischen Befreiung vorbereiten (Entkolonisierung).

Erweiterungen:
1. Hier bietet sich die Möglichkeit an, durch Auswertung einer Rede Macmillans vom 3. Februar 1960 vor dem Parlament in Kapstadt die Gründe für Englands spätere Bereitschaft zur Entkolonisierung kennenzulernen (Ansprenger, Kolonisierung und Entkolonisierung in Afrika, S. 46ff.).
2. Als weitere Ergänzung könnte auch der Wortlaut der Nationalhymne der Elfenbeinküste interessant sein, hier kommt das neue Nationalbewußtsein einer ehemaligen Kolonie zum Ausdruck (Ansprenger, Kolonisierung und Entkolonisierung in Afrika, S. 56).

Vorschlag für ein Arbeitsblatt
(4. Stunde, Unterrichtsschritt 4)

Über die Methoden der französischen Kolonialpolitik

Vorbemerkung:
Pierre de Brazza-Savorgnan (1852–1905), französischer Afrikaforscher, bereiste das nordwestliche Kongobecken, schuf die Kolonie Französisch-Äquatorialafrika, gründete die Städte Franceville und Brazzaville. Die französische Regierung, die ihn zu ihrem Bevollmächtigten im Kongo ernannt hatte, gab ihm in einem Schreiben vom 5. Februar 1884 folgende Instruktionen:

„Ihr Ziel muß es ... sein, all das, was für unseren Handel und unsere Industrie von Interesse sein könnte, zu erfassen (Erzvorkommen, Arten verwertbarer Bäume, für die Kolonisation geeignete Landstriche) – mit einem Wort: Sie sollen sich all dessen vergewissern, was dem Vaterland neue Erkenntnisse und materielle Vorteile erbringen kann ... Es empfiehlt sich dabei, den Schwarzen unter allen Umständen versöhnlich gegenüberzutreten ... Mit Hilfe von geeigneten Maßnahmen ... soll (der Bevollmächtigte) die Bewohner an den Gedanken gewöhnen, sich eines Tages der verwaltungsmäßigen Abhängigkeit unserer Kolonie unterstellt zu sehen; er wird ihnen zeigen, daß unser Schutz ein sicheres Unterpfand des Friedens und der Freiheit ist ... In der Erwartung, daß die Umstände es der Regierung erlauben werden, die Sklaverei in diesen Gebieten abzuschaffen ..., ist es schon jetzt wichtig, ... den Kampf gegen den Menschenhandel aufzunehmen.“

(in: Cathérine Coquery-Vidrovitch, Brazza et la Prise en Possession du Congo, Paris 1965, S. 225)

Fragen:
1. Welche materiellen Vorteile erhofft sich die Regierung für Frankreich?
2. Womit wird die französische Intervention gerechtfertigt?
3. Welches Verhältnis zwischen Mutterland und Kolonie wird angestrebt?

Unterrichtsschritt 5:
War der Imperialismus für die Kolonialvölker Segen oder Fluch?

Einige Schüler lesen ihre schriftlich fixierten Stellungnahmen vor (Hausaufgabe 3. Stunde). Die Argumente, die für und gegen die britische Kolonialpolitik vorgetragen werden, dienen als Einstieg in die Erörterung der Licht- und Schattenseiten der europäischen Kolonialpolitik allgemein und führen zum Kernproblem dieser Unterrichtsphase. Anschließend liest der Lehrer einen Textauszug vor, der von Frantz Fanon, einem in Westindien geborenen Schriftsteller, stammt:
„Nach ein oder zwei Jahrhunderten der Ausbeutung kann man einen regelrechten Schwund im Panorama der nationalen Kultur feststellen. Sie wird zu einem Reservat... alter Traditionen der Kleidung, zerfallener Institutionen ... Verelendung des Volkes, nationale Unterdrückung und Hemmung der Kultur sind ein und dasselbe. Nach einem Jahrhundert Kolonialherrschaft findet man nur noch eine äußerst erstarrte, abgelagerte, versteinerte Kultur vor."
(Alter, Der Imperialismus, S. 69f.)

Gesprächsimpulse:
- Versucht, zu konkretisieren, was unter „Ausbeutung" zu verstehen ist.
- Wie hat sich die nationale Kultur unter der europäischen Herrschaft verändert?

Ergebnis:
Die Weißen nutzen die Abhängigkeit der Kolonialvölker für ihre wirtschaftlichen Zwecke aus (Monokultur, Landverlust, Schuldzinsen, Steuern, Abgaben, schlechte Bezahlung der Eingeborenen). Der Verelendung der Kolonialvölker entspricht die Zerstörung ihrer nationalen Kultur, die zu einer musealen Tradition verkommt.
War der Einfluß der Europäer ausschließlich negativ?

Auf diese Fragen gibt der Nigerianer Ekong eine Antwort, die zu einem differenzierteren Bild führt (s. Vorschlag für ein Arbeitsblatt, S. 46).

Textinhalt:
Ekong vergleicht die Kolonisation Frankreichs und Englands in Afrika mit der Errichtung des römischen Reiches in Europa. Kolonisation ist nicht nur Ausbeutung; die Engländer führten in allen Ländern die britische Verwaltung ein, ihr kultureller Einfluß hat überall bleibende Spuren hinterlassen, so daß die Völker des ehemaligen britischen Reiches auch heute noch in wörtlicher und in übertragener Bedeutung „die gleiche Sprache" sprechen.
Die Diskussion über die Vor- und Nachteile der englischen Kolonialpolitik für die Kolonisierten wird schwerlich zu einem klaren Ergebnis führen können. Aber das Beispiel Englands kann den Schülern den Doppelcharakter des Imperialismus deutlich machen: Für die Kolonialvölker war der Imperialismus meistens nicht Segen oder Fluch, sondern Förderung und Hemmnis ihrer Entwicklung zugleich. Wenn auf der Sollseite unstreitig die wirtschaftliche Ausbeutung, die politische Bevormundung und die manchmal forcierte Europäisierung stehen, so fallen auf der Habenseite die positiven Resultate des Imperialismus für die Einheimischen ins Gewicht, nämlich Fortschritte auf dem Gebiet des Verkehrs, der Medizin (Tropenhygiene), die Bekanntschaft mit moderner Technik und mit dem geistigen und politischen Leben Europas (z.B. die Idee der nationalen Einheit, vgl. Indien).

Hausaufgabe:

Schriftlich: Auswertung der Macmillan-Rede vom 3. 2. 1960 (Entkolonisierung)
Arbeitsauftrag:
Mit welchen Argumenten setzt sich Macmillan für die Entkolonisierung ein?

Vorschlag für ein Arbeitsblatt
(4. Stunde, Unterrichtsschritt 5)

Ein Urteil über die Folgen des Imperialismus

Ein nigerianischer Schriftsteller, Donald Ekong, schreibt 1960:

„(Frankreich und England) haben in der ganzen Welt das getan, was 2000 Jahre vorher die Römer in Europa gemacht haben. Sie haben ein Weltreich gegründet. Man darf nicht annehmen, daß es nur Ausbeutung war. Die Engländer haben in all diesen Ländern britische Verwaltung eingeführt. Und sie haben diese Gebiete nicht nur regiert, sondern haben auch einen erheblichen kulturellen Einfluß ausgeübt... Eine Entwicklung dieser Art hat Europa auch durchgemacht. Man braucht nur die Entwicklung Europas von der Renaissance in die Reformation zu betrachten, wo man von dem Klassischen, dem Römisch-Griechischen wegkommen wollte und das Eigene, das Germanische betonte. Wir schimpfen natürlich auf den Imperialismus. Aber wenn ich einen indischen Kollegen treffe oder einen Burmesen oder jemand von irgendeiner Insel im Pazifischen Ozean..., finde ich es trotzdem als sehr angenehm, festzustellen, daß er die gleiche Sprache spricht wie ich, und zwar nicht nur linguistisch, sondern, daß wir gemeinsame Ideen haben."

(Donald Ekong, Europa und die Entwicklungsländer, Stuttgart 1961, S. 194ff.)

Arbeitsaufträge/Fragen:
1. Erläutert die Formulierung „kultureller Einfluß".
2. Wie ist der zweimalige Hinweis auf die europäische Entwicklung zu verstehen?
3. Spielt die Beziehung Englands zu den Mitgliedern seines ehemaligen Weltreichs heute noch eine Rolle für die englische Politik?

5. Stunde: Der russische Imperialismus

Zur didaktischen Funktion

Die russische Geschichte war seit Jahrhunderten bestimmt durch ständige Herrschaftsausweitung. Nach der Mitte des 19. Jahrhunderts setzte dieser Expansionsprozeß verstärkt ein und erreichte am Ende des Jahrhunderts einen vorläufigen Höhepunkt. Jetzt erst, als Folge der verstärkten Industrialisierung des Landes, nimmt die russische Außenpolitik unverhüllt die Züge des modernen Imperialismus an. Die kapitalistischen Interessen der Petersburger Hochfinanz verbanden sich dabei mit den „nationalistischen Expansionszielen des Außenministeriums, ... die Expansion wurde geistig von der Ideologie einer asiatischen Sendung des Zarenreiches getragen und machtpolitisch durch militärischen Aufmarsch forciert." (Georg von Rauch, Rußland vom Krimkrieg bis zur Oktoberrevolution [1856–1917]. In: Handbuch der europäischen Geschichte, Bd. 6, S. 333) Innerhalb der verschiedenen Ausprägungen des europäischen Imperialismus nimmt der russische Imperialismus eine Sonderstellung ein. Bei der imperialistischen Expansionspolitik Rußlands handelte es sich um eine rein kontinentale Bewegung zur Abrundung des russischen Imperiums. Auf die militärische Eroberung folgte eine Siedlungsbewegung, der Zusammenhalt der alten und neuen Reichsteile wurde durch den Bau von Eisenbahnen gewährleistet.

Drei Gesichtspunkte bestimmen den Unterrichtsverlauf:

1. Die Methoden der Annexion
2. Die Sonderstellung des russischen Impe-

rialismus im Vergleich mit anderen Formen des Imperialismus

3. Das russische Sicherheitsstreben als Wurzel der Expansionspolitik

Der aktuelle Einstieg (Afghanistan) führt zur Einsicht, daß die russische Expansionspolitik auch heute noch wirksam ist. Die Zeittafel, die sich auf die Herrschaftserweiterung in der zweiten Hälfte des 19. Jahrhunderts bezieht, vermittelt den Schülern Informationen über die vorherrschenden russischen Annexionsmethoden, über die Stoßrichtung der Expansion und über die Bedeutung des Eisenbahnbaus für die russische Politik. Diese Einsichten werden durch die Analyse eines Textes von Danilewskij bestätigt und vertieft: Rußlands Expansionsziel ist die vollständige Integration der eroberten Randgebiete ins Mutterland.
Im zweiten Teil der Stunde wird der aktuelle Bezug wiederaufgenommen. Ein sowjetisches Statement vom 28. 1. 1980 wird mit der Zirkulardepesche Gortschakows vom 3. 12. 1864 verglichen. Die Analyse der beiden Texte zeigt eine verblüffende Übereinstimmung hinsichtlich der Begründung des russischen Imperialismus, die Kontinuität der russischen Politik wird sichtbar.

Ziele der Stunde

Die Schüler erkennen,
- warum der russische Imperialismus nach Methode und Zielrichtung eine Sonderstellung einnimmt;
- daß die moderne sowjetische Expansionspolitik eine russische Tradition fortsetzt.

Die Schüler erarbeiten
- die Bedeutung der unmittelbaren territorialen Verbindung zwischen Mutterland und neuen Gebieten für das Selbstverständnis der russischen Expansionspolitik;
- die Hauptmotive des russischen Imperialismus;
- Diagramme, die die unterschiedlichen Beziehungen zwischen unterwerfender Macht und Unterworfenen am Beispiel des russischen, englischen und französischen Imperialismus darstellen.

Die Schüler beurteilen
- Motive und Methoden des russischen Imperialismus.

Verlaufsskizze

Unterrichtsschritt 1:
Die sowjetische Invasion Afghanistans 1979

Zu Beginn der Stunde berichtet der Lehrer vom Einmarsch der Sowjets in Afghanistan.

(Zusammenfassung des Lehrervortrags):

Im Westen waren die Regierungszentren nur schwach besetzt, Politiker und Beamte hatten ihre Büros verlassen, es war der Heilige Abend des Jahres 1979. Die ersten sowjetischen Großraumtransporter – 350 weitere sollten folgen – landeten auf den afghanischen Flugplätzen von Kabul und Bagram. Vier Tage später war Kabul unter sowjetischer Herrschaft. Am 29. Dezember begann eine große Offensive, eine motorisierte Schützendivision brauste über die Nordwestgrenze nach Kandahar, auf Straßen, die von den Russen zuvor als Entwicklungshilfe gebaut worden waren, eine zweite Einheit stieß auf den Khaiberpaß vor und erreichte so das Einfallstor nach Pakistan und Indien (vgl. J. Joffe, Der lange Marsch zum warmen Meer. In: Zeit-Magazin Nr. 8 vom 15. Februar 1980, S. 6ff.).

Der Widerstand der afghanischen Freiheitskämpfer gegen die Invasionstruppen formierte sich. Sie wurden von den USA mit modernen Waffen unterstützt. Die Sowjets setzten die kommunistische Volksdemokratische Partei (PDPA) als afghanische Regierungspartei ein, die sich auch nach dem Abzug der sowjetischen Truppen an der Macht halten konnte. Die afghanischen Widerstandsgruppen, die unter sich zerstritten sind, konnten ebensowenig einen entscheidenden Sieg erringen wie die Sowjets, die von den afghanischen Regierungstruppen unterstützt wurden. Als Vorbedingung für eine Friedensregelung forderte die UdSSR von den USA den Verzicht auf jede Einmischung, die USA ihrerseits bestanden auf dem vollständigen und sofortigen Rückzug aller sowjetischer Truppen aus Afghanistan als wichtigster Voraussetzung für eine Beendigung des Krieges.

Im Verlauf der Abrüstungsverhandlungen zwischen der UdSSR und der USA kündigte der sowjetische Generalsekretär Gorbatschow für Mai 1988 den Rückzug aller sowjetischen Truppen aus Afghanistan an.

Diese skizzenhafte Darstellung ist als Impuls gedacht, die Schüler sollen angeregt werden, Fragen nach den Hintergründen dieses Ereignisses zu stellen.

Mögliche Fragen:
- Warum besetzten die Sowjets Afghanistan?
- Gab es ähnliche Vorgänge in der neueren sowjetischen Geschichte? (DDR, CSSR, Ungarn)

Unterrichtsschritt 2:
Einige wichtige Daten zur russischen Expansionspolitik (1860–1905)

Nach diesem Einstieg wird den Schülern eine Zeittafel mit Ereignissen aus der russischen Geschichte des 19. Jahrhunderts vorgelegt.

1860 Annexion der ehemaligen chinesischen Gebiete nördlich von Amur bis zur pazifischen Küste (Wladiwostok)
1863 Eroberung von Turkestan
1875 Erwerb der Halbinsel Sachalin
1878 Annexion von Batum, Kars, Bessarabien
1881 militärische Aktionen führen zu Neuerwerbungen an der persisch-afghanischen Grenze; sie werden zu einem Gouvernement Transkaspien zusammengefaßt
seit 1884 planmäßige Besiedlung Kasachstans und Turkestans durch russische Einwanderer; rücksichtslose Enteignung der bisherigen Besitzer
1880–1886 Bau der transkaspischen Eisenbahn
1891–1903 Bau der transsibirischen Eisenbahn
1898 Rußland nützt die Schwäche Chinas nach dessen Niederlage im Krieg gegen Japan (1894/5) aus und „pachtet“ die Halbinsel Liaotung mit den Häfen Port Arthur und Dalni
ab 1898 Bau der mandschurischen Eisenbahn
1900 Nach dem Boxeraufstand annektiert Rußland die Mandschurei. Gegen das weitere russische Vordringen nach Korea verbünden sich Japan und England
1904–1905 Russisch-japanischer Krieg. Sieg der Japaner bei Mukden. Eroberung von Port Arthur, Japanischer Seesieg bei Tsuschima
1905 Friedensvertrag von Portsmouth: Rußland zieht sich aus der Mandschurei zurück, in der die chinesische Souveränität wiederhergestellt wird. Japan erhält die Halbinsel Liaotung mit Port Arthur, die südliche Hälfte der russischen Insel Sachalin und das Protektorat über Korea (s. Vorschlag für eine Tafelskizze/Folie S. 49).

Folgende Fragen können bei der Auswertung der Zeittafel nützlich sein:
- Was haben alle diese annektierten Gebiete gemeinsam, wenn man ihre Lage im Verhältnis zum Mutterland betrachtet? (Klett-Atlas, S. 29; Putzger-Atlas, S. 109; vgl. den Vorschlag für ein Tafelbild von G. und M. Dörr in GWU 1969, S. 35).

Vorschlag für eine Tafelskizze oder Folie

(5. Stunde, Unterrichtsschritt 2)

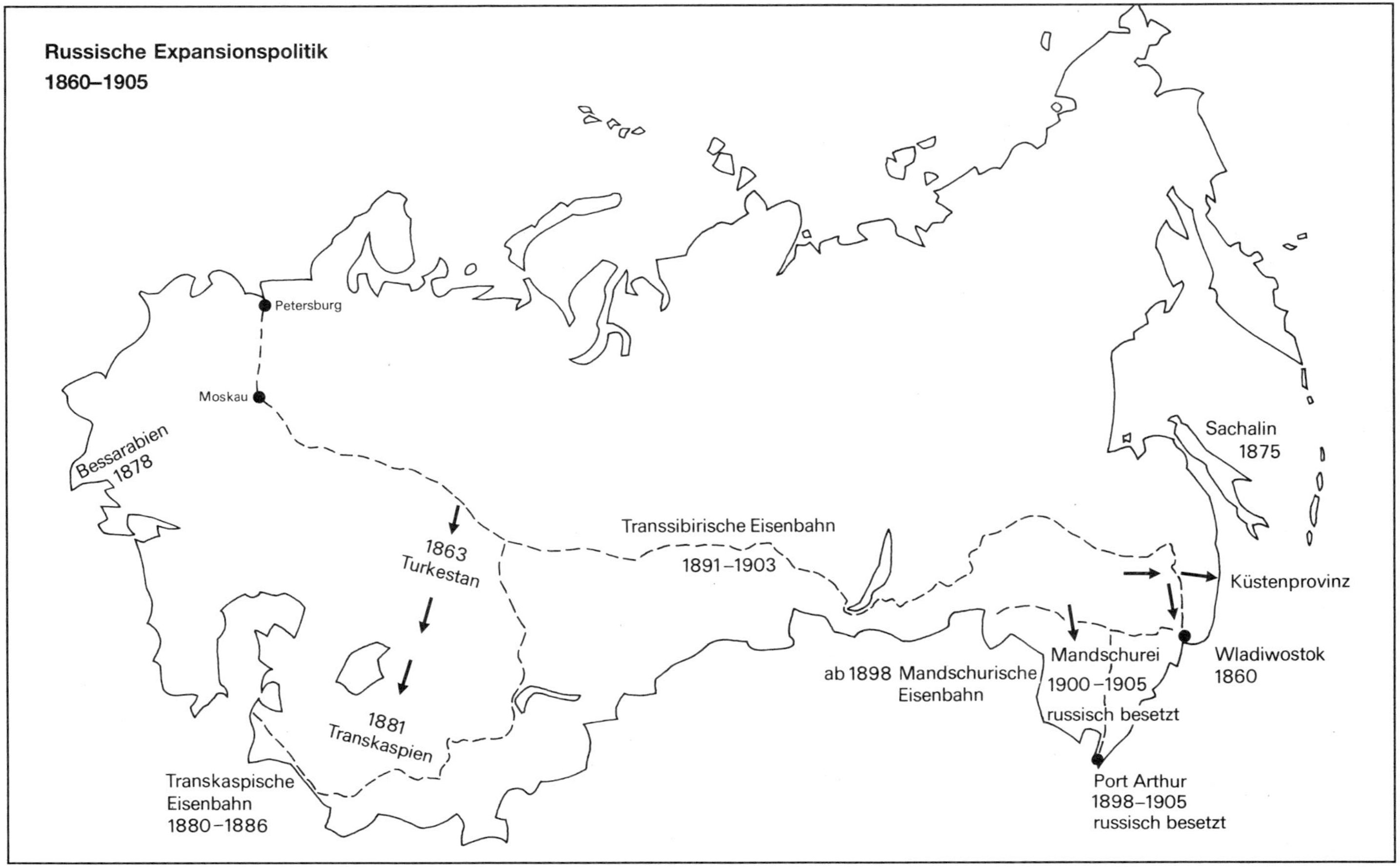

- Durch welche Maßnahmen wurde die Annexion durchgeführt?
- Warum war der Bau von Eisenbahnen wichtig?

Es wird deutlich, daß alle Neuerwerbungen eine direkte Landverbindung zum Mutterland haben. Die bevorzugte Annexionsmethode war die militärische Invasion. Die großen Eisenbahnen sind eine zusätzliche Klammer zwischen den neuen Gebieten und dem Mutterland, sie ermöglichen rasche Truppenverschiebungen.

Unterrichtsschritt 3:
Der Charakter der russischen Expansion

Quellenarbeit: Der Biologe Nikolaj Danilewskij (1822–1885) charakterisiert in seinem Werk „Rußland und Europa" (1869) die Ausbreitungsbewegung des russischen Volkes (s. Arbeitsblatt 5).

Ergebnis:
Rußlands Ziel ist die Abrundung seines Reiches. Die direkte Verbindung ermöglicht die Einverleibung ins Mutterland. Die Methoden des russischen Imperialismus sind gekennzeichnet durch militärische Eroberung und nachfolgende Siedlungsbewegung. Der Zusammenhalt der neuen mit den alten Gebieten wird nicht durch die Kontrolle der Seewege, sondern durch Eisenbahnen erreicht.

Unterrichtsschritt 4:
Die Motive des russischen Imperialismus

Der Lehrer liest zuerst ohne Kommentar einen kurzen Zeitungsbericht vor: „Die sowjetische Intervention in Afghanistan aus offizieller Moskauer Sicht." („Der Spiegel" Nr. 5, 34. Jahrgang vom 28. Januar 1980, S. 88): „250 000 Afghanen, die ins Ausland geflüchtet waren, kehrten mit ausländischen Waffen zurück und marschierten auf Kabul, um . . . die Regierung zu stürzen . . . Afghanistan würde nun zu einer islamischen Macht werden, die sich gegen die UdSSR richtete. Nach Meinung unserer Militärs war damit eine gefährliche Lage entstanden – nicht nur für die Regierung in Kabul . . ., sondern auch für die Sicherheit der Sowjetunion." Dieser Stellungnahme eines ungenannten hohen russischen Funktionärs wird nun die berühmte Zirkulardepesche des russischen Außenministers Gortschakow (1789–1883) an die europäischen Großmächte vom 3. Dezember 1864 gegenübergestellt. Auch er gibt eine Begründung für die russische Expansionspolitik:
„Die Sicherheit der Grenzen und des Handels verlangt . . ., daß der zivilisierte Staat ein gewisses Übergewicht über seine Nachbarn ausübe. Zunächst sind ihre Einfälle und Plünderungen zurückzuweisen. Um denselben ein Ende zu machen, ist man genötigt, die Grenzbevölkerung zu einer mehr oder minder direkten Unterwerfung zu zwingen. Ist dies Resultat erreicht, so nehmen die Grenzbewohner ruhigere und seßhaftere Gewohnheiten an, dafür werden sie aber nunmehr von ferner lebenden Stämmen beunruhigt. Der Staat ist verpflichtet, jene zu schützen, diese zu züchtigen. Daraus entspringt die Notwendigkeit entfernter, kostspieliger, sich stets wiederholender Expeditionen . . . Jeder Schritt vorwärts führt zu neuen Schritten . . . Ein Rückschreiten aber gibt es nicht . . ."
(Otto Hoetzsch, Rußland in Asien. Geschichte einer Expedition, Stuttgart 1966, S. 27)

Die Aufforderung, beide Texte zu vergleichen, führt zu folgender Einsicht: In beiden Fällen wird der russische Imperialismus durch das Bedürfnis nach sicheren Grenzen motiviert. Den eigentlichen Grund für dieses ausgeprägte Sicherheitsbedürfnis finden die Schüler bei einem Blick auf die Karte in den geopolitischen Verhältnissen. Rußland ist ein Reich, ursprünglich ohne natürliche

Grenzen, eine große Festlandstafel, die nach allen Seiten hin offen ist.

Unterrichtsschritt 5:
Unterschiedliche Formen imperialistischer Herrschaft

Mit Hilfe des Episkops werden drei Karikaturen von Th. Th. Heine aus dem Simplicissimus projiziert: „So kolonisiert der Deutsche, So kolonisiert der Engländer, So der Franzose" (s. Abbildungen S. 52).
Die Schüler werden aufgefordert, die Zeichnungen zu beschreiben:
Das erste Bild ironisiert den manchmal widersinnigen Ordnungsfanatismus und den Militarismus der deutschen Kolonialherren. Ein Offizier läßt numerierte Giraffen zum Appell antreten, ein Soldat verpaßt einem Krokodil einen Maulkorb, und die Aufschrift auf der Tafel an der Palme lautet: „Schutt und Schnee abladen ist hier verboten."
Ein Engländer benutzt eine große Presse, um aus einem plattgedrückten Eingeborenen Gold herauszupressen, während ein Missionar in seiner Bibel liest und ein anderer Engländer dem ausgepreßten Schwarzen Whisky einflößt. Die Frage, worauf der Karikaturist anspielt, läßt sich so beantworten: bei der Unterwerfung Ägyptens (Sicherung der notleidenden Kredite durch den Gläubiger) und der Burenstaaten (Erwerb von Gold- und Diamantenminen in Südafrika) spielten wirtschaftliche Interessen Englands eine bedeutende Rolle.
Schließlich wirkt das dritte Bild wie eine satirische Illustration der Instruktion für Brazza-Savorgnan. Das erwartete „versöhnliche" Gegenübertreten wird zum zärtlichen Tête-à-tête zwischen französischen Soldaten und schwarzen Frauen. Diese Zeichnung erinnert die Schüler an das Programm der „Assimilation" (4. Stunde, Unterrichtsschritt 4), das Frankreichs Kolonialpolitik bestimmte.

Folgende Impulse können das Unterrichtsgespräch vertiefen:
- Sind in diesen Karikaturen die unterschiedlichen Formen imperialistischer Herrschaft angemessen erfaßt?
- Wie könnte man die charakteristischen Grundformen des Imperialismus (und nicht nur verschiedene Methoden und Ziele kolonialer Politik!) auf den Begriff bringen?
- Denkt an den russischen Imperialismus: Versucht, eine zutreffende Bezeichnung für das Verhältnis zwischen unterwerfender Macht und Unterworfenen zu finden.
- Wodurch unterscheidet sich der russische Imperialismus von der imperialistischen Politik Englands und Frankreichs?
- Welche Stellung nimmt die deutsche Politik ein?

Angestrebte Ergebnisse (notwendige Ergänzungen durch den Lehrer):
- Rußland erstrebt die vollständige Eingliederung der angrenzenden Gebiete ins Mutterland („Integration"). Durch diese vollständige Einverleibung wird – vom russischen Standpunkt aus – der Vorwurf des Imperialismus gegenstandslos;
- England ist die Führungsmacht in einem Zusammenschluß von Kolonien, denen es verschieden abgestufte Rechte zubilligt („Föderalisation");
- Frankreich bietet den zivilisierten Vertretern der Kolonialvölker Gleichstellung mit den Franzosen an und will viele neue Frankreiche schaffen („Assimilation");
- die imperialistische Politik Deutschlands nimmt eine Zwischenstellung ein. Eine politische, rechtliche und wirtschaftliche Gleichstellung der Kolonien mit dem Mutterland ist nicht beabsichtigt; die Verwaltungsorganisation und -praxis richten sich nach deutschem Vorbild.

Die Klasse wird aufgefordert, die drei Formen imperialistischer Herrschaft graphisch darzustellen (s. Tafelbild).

Vorschlag für eine Folie
(5. Stunde, Unterrichtsschritt 5)

So kolonisiert der Deutsche,

So kolonisiert der Engländer,

So der Franzose

Drei Methoden
imperialistischer Politik,
karikiert von Th. Th. Heine
(Simplicissimus Nr. 6,
9. Jg., April 1904, S. 55)

6. Stunde: Die Ausbeutung Chinas

Zur didaktischen Funktion

Die Darstellung der Unterwerfung Chinas durch europäische Mächte bietet Gelegenheit, die Opfer imperialistischer Politik zu Wort kommen zu lassen. Dies geschieht auf dreierlei Weise:

1. ein chinesischer Holzschnitt bringt den Haß der Chinesen gegen die fremden Eindringlinge zum Ausdruck,
2. ein Zeitungs-Interview soll bei den Schülern Verständnis wecken für die Ziele und Normen der alten chinesischen Kultur, die im Gegensatz steht zu der als zerstörerisch empfundenen europäischen Zivilisation,
3. die Zeittafel informiert über die mannigfachen Versuche der Chinesen, den fremdländischen Einfluß abzuwehren.

Die Konfrontation des chinesischen Standpunkts mit der Perspektive der Europäer durchzieht die Stunde als leitendes Unterrichtsprinzip und verdeutlicht die Problematik des einseitigen europäischen Blickwinkels und die Berechtigung des Standpunktes der Chinesen, die den Verlust ihrer nationalen Identität durch das Eindringen fremder Vorstellungen befürchten. Andererseits ist aber die Reformbedürftigkeit und Rückständigkeit der damaligen chinesischen Gesellschaft nicht zu übersehen, gerade wenn man sich die Maßstäbe zu eigen macht, von denen der Auslandschinese in seinem Interview spricht, nämlich das Glück der Menschen, das, so wird man hinzufügen können, nicht nur für die chinesische Oberschicht gelten kann. Diese Rückständigkeit in sozialer, wirtschaftlicher und technischer Hinsicht schuf ein Vakuum, das die imperialistischen Nationen auszufüllen versuchten.

Ziele der Stunde

Die Schüler erkennen,
- daß die politische und militärische Schwäche Chinas die imperialistische Ausbeutungspolitik ermöglichte;
- daß China zu einer europäischen Halbkolonie wurde;
- daß die Niederlage der Boxer, die gleichzeitig eine Niederlage des Kaiserhauses war, den Boden bereitete für einen revolutionären Umsturz;
- daß nur die Rivalität der imperialistischen Nationen untereinander die vollständige Aufteilung Chinas verhinderte.

Die Schüler erarbeiten
- die Gründe, die die Boxer gegen die Fremden vorbringen;
- die verschiedenen Standpunkte eines Europäers und eines Chinesen anhand eines Vergleichs zweier Texte.

Die Schüler beurteilen
- die Berechtigung der kontroversen Standpunkte.

Verlaufsskizze

Unterrichtsschritt 1:
Die Boxer und die „Weißen Teufel"
(Bildbetrachtung)

Als Hinführung zum Thema der Stunde kann die Betrachtung einer zeitgenössischen chinesischen Darstellung dienen. Es handelt sich um einen Holzschnitt aus einem chinesischen Pamphlet, das sich gegen europäische Missionare richtet. Thema: Die „Boxer" und die „Weißen Teufel". (Historisches Bildarchiv, Bad Berneck.) Drei Chinesen ermorden zwei Weiße, sie werden von anderen Chinesen angefeuert. In einer Schale werden europäische Bücher verbrannt. Damit sie vom Gestank dieser Literatur nicht vergiftet werden, halten sich einige Chinesen die Nase zu, während ein Kuli weitere Bücher zur Verbrennung heranschleppt. Der Sinn der Darstellung ist klar: Die weißen Teufel samt ihrem verderblichen kulturellen Einfluß sollen vernichtet werden. Damit die Frage nach den Gründen für den chinesischen Fremdenhaß beantwortet werden kann, erhalten die Schüler im folgenden Unterrichtsschritt Informationen über die Verhältnisse in China am Ende des 19. Jahrhunderts.

Unterrichtsschritt 2:
Bericht über die Rückständigkeit Chinas im 19. Jahrhundert

In einem kurzen Lehrervortrag wird über die Zustände in China berichtet (nach: Handbuch für den Geschichtsunterricht Bd. 5, S. 121ff.).

Damals führten die Gelehrten und Reichen ein kultiviertes Leben inmitten ihrer Bibliotheken und ihrer Kunstschätze, abgeschlossen von der Masse des Volkes. Sie wohnten in großzügig gebauten Pavillons, die von Gärten und Mauern umgeben waren. Die Vermögenden und Hochgeborenen lehnten es ab zu arbeiten, weil dies unter ihrer Würde war. Die wenig gebildeten Frauen beschäftigten sich mit der Aufsicht über die zahlreiche Dienerschaft. Der Hausvater beherrschte die Familie. Zwischen der privilegierten Oberschicht und den Millionen von Bauern und Handwerkern fehlte der Mittelstand fast vollständig. Und so lebte das gewöhnliche Volk: Für die Feldarbeit gab es so gut wie keine Maschinen, nicht einmal genügend Tiere standen zur Verfügung. Wie seit Jahrhunderten wurden Reis und Getreide mit der Hand angebaut und mit primitiven Sicheln gemäht. 85% der Bevölkerung waren in der Landwirtschaft beschäftigt. Die meisten Bauern lebten in Lehmhütten. In einem rohgezimmerten Bett schlief die ganze Familie. Abends brannten selbstgemachte Talgkerzen vor den Ahnenbildern. Die Handwerker hockten in ihren Läden auf dem Fußboden, löteten und hämmerten Kupfer- und Zinnblech. Die Weber benutzten den alten Webstuhl, der schon seit Jahrhunderten in Gebrauch war. Das harte kümmerliche Leben schloß die Mehrheit des chinesischen Volkes von jeder höheren Bildung aus.

Dieser Bericht stammt von einem Europäer. Ein Chinese, der etwa zur gleichen Zeit von einem Reporter der Londoner Zeitung „Daily Express" interviewt wurde, sah die Zustände seines Landes mit ganz anderen Augen (Hoffmann, Der Imperialismus und der Erste Weltkrieg, S. 15). Dieses Interview wird entweder vorgelesen oder als hektographierter Text den Schülern vorgelegt.

Textinhalt:
Die jahrtausendealte chinesische Kultur blickt mit Verachtung auf die technische Zivilisation der Europäer, weil sie nichts zur Glückseligkeit der Menschen beiträgt. Das Glück der Menschen gründet sich in Maß, Ruhe und Zufriedenheit. Die neuen Ideen des Westens (Religion, Technik) stören die alte Harmonie des chinesischen Lebens und zerstören die traditionellen schönen Künste und Gewerbe. Da die Europäer China nicht freiwillig verlassen wollen, bleibt keine andere Möglichkeit, als sie zu töten.
Der Vergleich der beiden Texte ist die Grundlage für ein Unterrichtsgespräch über die Berechtigung der jeweiligen Standpunkte. Fragen nach den notwendigen Reformen der chinesischen Gesellschaft, nach den Gründen für das Fehlen eines Mittelstandes, nach den möglichen Auswirkungen der chinesischen Rückständigkeit in den internationalen Beziehungen, nach der Berechtigung des Europäerhasses in China können Aufschluß bringen über wichtige Zusammenhänge: Die Kluft zwischen Arm und Reich mußte zu starken Spannungen führen. Die literarisch-künstlerische Bildung hatte einen hohen Rang, aber Technik und Naturwissenschaften waren unterentwickelt. Die Einführung technischer Hilfsmittel und eine Landreform auf Kosten der Großgrundbesitzer hätten die Lage der Bauern verbessern können. Die Rückständigkeit des Landes, die der Chinese im Zeitungsinterview mit durchaus bedenkenswerten Argumenten als einen glücksfördernden Zustand sieht, führte

aber zur politischen Schwäche, die die Begehrlichkeit der imperialistischen Nationen herausforderte. Das Festsetzen der Euroäer in China weckte einen ausgeprägten Haß der Chinesen gegen die fremden Teufel, weil sie den Verlust ihrer nationalen und kulturellen Identität befürchteten.

Unterrichtsschritt 3:
China und die Europäer
(Auswertung einer Zeittafel)

Die zunehmende Überfremdung Chinas und die Reaktion der Chinesen erkennen die Schüler aus einer Zeittafel.

1724 Christliche Missionare werden aus China ausgewiesen.
1757 Kanton wird als einziger Hafen für Ausländer geöffnet.
1816 Der britische Botschafter von den Chinesen zurückgeschickt.
1838 Die chinesische Regierung verbietet die Opiumeinfuhr. Aus Profitgier widersetzen sich die Engländer dieser Handelsbeschränkung.
1840–42 Opiumkrieg. Das besiegte China muß mit England den „ungleichen Vertrag" von Nanking abschließen (Abtretung von Hongkong, Aufhebung der Handelsbeschränkung).
1885 China muß die französische Herrschaft über Tonking und Amman anerkennen.
1896–1900 China muß „Pachtverträge" auf 99 Jahre mit europäischen Großmächten abschließen. – Das Deutsche Reich annektiert Kiautschou und die kohlenreiche Halbinsel Shantung. – Rußland „pachtet" Port Arthur und erzwingt eine Eisenbahnkonzession durch die Mandschurei. – England besetzt Weihaiwei und die Halbinsel Koalung und erklärt das Jangtsestromgebiet zur britischen Einflußsphäre. – Internationale Finanzgesellschaften erwerben Vorrechte für die Ausbeutung von Rohstoffvorkommen; Ausländer kontrollieren die Zölle und die chinesische Währung. China muß hochverzinsliche Kredite aufnehmen.

Für die Auswertung der Zeittafel eignen sich folgende Impulse:
- Wie reagierte die kaiserliche chinesische Regierung auf die europäischen Einmischungsversuche?
- Welche Interessen standen bei den europäischen Mächten im Vordergrund?
- Durch welche Maßnahmen sollte der Schein des Rechts gewahrt werden?

Unterrichtsschritt 4:
Der Boxeraufstand

Die Standpunkte der chinesischen Nationalisten und der europäischen Kolonialmächte werden anhand von zwei Texten erarbeitet, dem „Aufruf der Boxer" vom April 1900 und der Ansprache Wilhelm II. an die deutschen Truppen vom 27. Juli 1900 (s. Arbeitsblatt 6).
Der Quellenerschließung geht eine kurze Informationsphase durch den Lehrer voraus:

Gegen die Europäer in China richtete sich ein Aufstand einer chinesischen Geheimsekte, der sogenannten „Boxer".
Diese um 1770 gegründete Vereinigung hatte einen starken Rückhalt am kaiserlichen Hof. Ihr eigentlicher Name war „I ho chuan", d. h. „Bund der Vereinigten Patrioten". „Chuan" gleich ausgesprochen, aber anders geschrieben, kann auch „Faust" heißen. Der Name „Boxer" ist entweder auf einen Übersetzungsfehler oder auf ein chinesisches Wortspiel zurückzuführen (vgl. Hoffmann, Der Imperialismus und der Erste Weltkrieg, S. 13). Die Geheimgesellschaft verband eine rückwärtsgewandte, traditionsbewußte Gesinnung mit fanatischem Haß auf die europäischen Eindringlinge und auf das Christentum. Im Jahre 1899 kam die Rebellion in Nordostchina zum Ausbruch.

Als Arbeitsform für die Erschließung des Textes bietet sich Partnerarbeit an.

Ergebnis der Textauswertung:
Da die Christen den Ahnenkult ablehnen, stehen sie außerhalb menschlicher Beziehungen. Ehrgeizige und geldgierige Chinesen erlagen der Macht der Fremden. Ihre technischen Errungenschaften werden ohne nähere Begründung als böse abqualifiziert. Auch in der Rede des Kaisers, der sich auf seine „Forschheit" viel zugute hielt, wird ein extremes Feindbild aufgebaut; auch Wilhelm II. bezieht sich auf einen höheren Auftrag. Auffällig ist der Widerspruch zwischen dem Hinweis auf die christliche Religion und der Aufforderung, keine Gnade zu gewähren.
In der amtlichen Version der Rede wurde auf Betreiben des Staatssekretärs von Bülow der Hinweis auf die Hunnen gestrichen. (Bernhard Fürst von Bülow, Denkwürdigkeiten. Hrsg. v. Franz X. von Stockhammern, Bd. 1, Berlin 1930, S. 359f.: „Die schlimmste Rede jener Zeit und vielleicht die schädlichste, die Wilhelm II. je gehalten hat...")
In der Kriegspropaganda der Alliierten im Ersten Weltkrieg sollte diese unkluge Rede noch eine wichtige Rolle spielen: Die Deutschen wurden als „the huns", „les huns", d.h. als grausame, blutrünstige Barbaren charakterisiert.

Unterrichtsschritt 5:
Die Niederwerfung des Aufstands

Geschichtserzählung (nach: Enno Meyer, Aus dem kaiserlichen Deutschland, Stuttgart 1981, S. 6ff.)
Die Boxer, die insgeheim von der chinesischen Regierung unterstützt wurden, belagerten die Europäer – 950 Diplomaten und Kaufleute, z.T. mit ihren Familien – und 2700 chinesische Christen, im Pekinger Gesandtschaftsviertel. Acht Wochen lang wehrten sich die Eingeschlossenen in täglichem Kampf gegen ihre Feinde. Nach der Ermordung des deutschen Gesandten von Ketteler hatte Wilhelm II. eine gemeinsame Militäraktion gegen China gefordert, und nach langen Verhandlungen wurde Generalfeldmarschall Waldersee der Oberbefehl über die europäischen Truppen übertragen. Russische, deutsche, englische, französische, amerikanische und japanische Kriegsschiffe beschossen und zerstörten die Forts, die die Zugänge zu den Städten Tientsin und Peking kontrollierten. Als das deutsche Expeditionskorps in China an Land gegangen war, hatten europäische und japanische Marinesoldaten unter Führung des englischen Generals Gaselee die Eingeschlossenen bereits befreit. Der chinesische Gefreite, der den deutschen Gesandten erschossen hatte, wurde an der Stelle, an der er die Bluttat begangen hatte, hingerichtet, obwohl er unablässig beteuerte, er habe nur auf Befehl gehandelt. Die kaiserlichen Paläste wurden von den Marinesoldaten geplündert. Waldersee, der mit den ihm unterstellten deutschen, englischen, österreichischen, italienischen und japanischen Einheiten – die Franzosen hatten es abgelehnt, einen deutschen Oberbefehlshaber zu akzeptieren und kämpften auf eigene Faust – erst nach den entscheidenden Kampfhandlungen eingetroffen war, mußte sich mit Streifzügen und Strafexpeditionen gegen chinesische Truppen und Boxer begnügen. 128 Deutsche fielen im Kampf, 338 starben an Krankheiten.
Am 7. September 1901 mußte sich China in einem Friedensprotokoll verpflichten, 450 Mill. Dollar Kriegsentschädigung zu bezahlen, sich durch einen kaiserlichen Prinzen, den „Sühneprinzen", offiziell in Berlin zu entschuldigen und dem Freiherrn von Ketteler ein Denkmal in Peking zu errichten.

Das anschließende Unterrichtsgespräch wird durch folgende Impulse strukturiert:
- Warum hatte China gegen die europäischen Mächte keine Chance?
- Warum wurde China nach dem Sieg nicht ebenso wie Afrika unter die europäischen Großmächte aufgeteilt?

– Welche innenpolitischen Auswirkungen hatte die Niederlage für China?

Die politische Rivalität, auch der wirtschaftlich bestimmte Konkurrenzneid der Kolonialmächte führte zur Erhaltung der relativen Autonomie Chinas; de facto war das Land zu einer Halbkolonie herabgesunken. Die Mandschu-Dynastie war in den Augen des chinesischen Volkes diskreditiert, sie hatte sich als unfähig erwiesen. Revolutionäre Bestrebungen gewannen an Boden (Tafelbild).

Mögliche Hausaufgabe:

1. Stellt mit Hilfe des Lehrbuchs und des Geschichtsatlanten eine Zeittafel zusammen, in der die Phasen der amerikanischen Expansion in fremde Länder berücksichtigt sind!
2. Wie rechtfertigten die Vereinigten Staaten ihre imperialistische Politik? (schriftliche Beantwortung) (s. 7. Stunde, S. 58)

7. Stunde: Aufteilung der Welt im Zeitalter des Imperialismus

Zur didaktischen Funktion

Diese Stunde hat in mehrfacher Hinsicht eine Integrationsfunktion:

1. liefert sie eine Gesamtübersicht über die wichtigsten Kolonien der imperialistischen Großmächte in der Welt,
2. wird die Erarbeitung der Definition des Imperialismus durch Einbeziehung der hauptsächlichen Expansionsrichtungen und durch den Hinweis auf den Entwicklungsstand der meisten kolonisierten Völker abgeschlossen,
3. werden im Rückblick auf die vorhergehenden Stunden die verschiedenen Voraussetzungen und Bedingungen des Imperialismus zusammengefaßt (multikausale Erklärung),
4. fügt sich der amerikanische Imperialismus in die Darstellung der imperialistischen Expansion im Weltmaßstab ein.

Alle relevanten Ergebnisse werden durch die Schüler erarbeitet. Im Zentrum steht die Auswertung der Weltkarte mit Hilfe eines Arbeitsblatts. Didaktisch sinnvoll ist die Frage nach den potentiellen Reibungsflächen zwischen den Nationen, die nach Kolonialbesitz strebten, denn an diesen Konfliktherden entzündeten sich dann die Krisen (Zeittafel), die bis zur latenten Kriegsgefahr führten.

Ziele der Stunde

Die Schüler erkennen,
– daß die sich überschneidenden Ansprüche der imperialistischen Nationen auf gewisse Kolonialgebiete zu Krisen und zu einer allgemeinen Kriegsgefahr führten;
– daß sich das Deutsche Reich durch seine aggressive Afrika-Politik außenpolitisch isolierte;
– daß England und Frankreich ihre Interessen in Nordafrika aufeinander abstimmten.

Die Schüler erarbeiten
– eine Übersicht über die wichtigsten Kolonien der imperialistischen Staaten in der Welt;
– einen Überblick über Konfliktzonen in diesen Kolonialgebieten zwischen den europäischen Großmächten;
– die vollständige Definition des Imperialismus mit Hilfe eines Arbeitsblatts zur Weltkarte.

Die Schüler beurteilen
– die Begründung des amerikanischen Imperialismus;
– die Auswirkungen der imperialistischen Politik der Großmächte auf die internationalen Beziehungen;
– die deutsche Politik in Nordafrika.

Verlaufsskizze

Unterrichtsschritt 1:
Der amerikanische Imperialismus

Die ausführliche Besprechung der Hausaufgabe führt zu folgenden Ergebnissen: Die Nordamerikaner unterstützen Kuba im Kampf gegen Spanien. 1898 kam es zum Krieg zwischen den Vereinigten Staaten und Spanien, das um die Erhaltung seines Kolonialbesitzes in Südamerika kämpfte. Im Frieden von Paris mußte Spanien Kuba, Puerto Rico, Guam und die Philippinen gegen eine Geldentschädigung an die USA abtreten. 1903 wurde die Republik Panama mit Unterstützung der USA von Kolumbien losgelöst, die Panamazone wurde Besitz der USA; 1914 wurde der Kanal eröffnet. Die Vereinigten Staaten versuchten, ihre imperialistische Politik mit dem Hinweis auf die Monroe-Doktrin von 1823 zu rechtfertigen.

Unterrichtsschritt 2:
Kolonialerwerbungen der Großmächte

Im Mittelpunkt der Stunde steht die Auswertung der Weltkarte 1871–1914 mit Hilfe eines Arbeitsblattes (Putzger-Atlas, S. 109) (s. Arbeitsblatt 7). In den vorgegebenen Raster tragen die Schüler ein, welche wichtigen Kolonien in einem bestimmten Zeitraum von den imperialistischen Großmächten England, USA, Frankreich, Rußland und Deutschland erworben wurden.

1. Im Zeitraum von 1871–1880 erwarb Großbritannien Nordborneo, Zypern, Transvaal, Indien, Malaya; Rußland Transkaspien, Sachalin, Bessarabien.
2. Im Zeitraum von 1880–1980 erwarb Großbritannien Rhodesien, Ostafrika, Belutschistan, Somaliland, den Suezkanal, Ägypten, Neu-Guinea; Frankreich Äquatorial-Afrika, Tunis, Franz. Sudan, Franz. Guinea, Tonking; Rußland Turkmenenland, Merw; Deutschland Kamerun, Togo, Südwestafrika, Deutsch-Ostafrika.
3. Im Zeitraum von 1891–1900 erwarb Großbritannien Zentralafrika, Sudan, Uganda, Nigeria, Burenrepubliken, Weihaiwei; Frankreich Franz. Somaliland, Madagaskar, weiteren Besitz im Sudan, Franz. Indochina; Rußland Mandschurei, Port Arthur, Pamir; Deutschland Samoa, Kiautschou.
4. Im Zeitraum von 1900–1914 dehnte Großbritannien seinen Einfluß auf Tibet aus; die USA erwarben Kuba, San Domingo und die Panamazone; Marokko wurde französischer Besitz; das Deutsche Reich erweiterte seinen Besitz in Kamerun.

   Die Expansion erfolgte vor allem in Afrika, Asien, in der Südsee und in Lateinamerika in unterentwickelten Ländern. Reibungsflächen zwischen den Kolonialmächten zeigten sich zwischen England und Rußland im Grenzgebiet zwischen Rußland und Indien und in der Region Persien/Afghanistan; in Afrika trafen die Interessengegensätze zwischen England und Frankreich vor allem im Sudan aufeinander.

Die Auswertung des Arbeitsblattes macht den Schülern einen letzten Teilaspekt des Imperialismus deutlich, die Richtung der imperialistischen Expansion kann nun in die Begriffsbestimmung einbezogen werden. Die vollständige Definition des Imperialismus, die in dieser und in den vorhergegangenen Stunden erarbeitet wurde, kann jetzt formuliert werden: Unter Imperialismus verstehen wir die „Expansion wirtschaftlich fortgeschrittener Länder, vorwiegend von Großstaaten in mehr oder minder unterentwickelte Gebiete, besonders in Afrika, Asien, der Südsee, aber auch Lateinamerika“ (nach G. W. F. Hallgarten: War Bismarck ein Imperialist? In: GWU 5, 1971, S. 257ff.). Andere Definitionen des Imperia-

lismus gehen von ähnlichen Voraussetzungen aus und kommen zu vergleichbaren Resultaten: „Imperialismus begreift sich als die formelle, direkte und auch indirekte Herrschaft, welche die modernen Industriestaaten mit ihren typischen ideologischen, ökonomischen, sozialen und politischen Problemen und auf Grund einer spezifisch technisch-wirtschaftlichen Überlegenheit fast global bei den weniger entwickelten Ländern durchgesetzt haben." (A. Görlitz, Handlexikon zur Politikwissenschaft, München 1972, S. 157.) Hans Herzfeld gab folgende Begriffsbestimmung: „Der Wunsch, Lebensraum für die wachsende Bevölkerungszahl auch in der Zukunft zu sichern, und die Überzeugung, daß auf dem enger werdenden Erdball sich in führender Stellung nur Staaten mit großem Raum, hoher Volkszahl und starker Wirtschaftskraft behaupten können, vereinigen sich gegen 1900 zu der Welle des Imperialismus, dessen Feld der gesamte Erdball ist . . . Er findet seinen Ausdruck in der Beschleunigung des Wettlaufes um die noch unverteilten Gebiete . . ., die für koloniale Beherrschung durch die – trotz Japans Aufstieg – noch immer führenden weißen Nationen geeignet erscheinen." (H. Herzfeld, Der Erste Weltkrieg, München 1976, S. 3f.)
„Den Ausgangspunkt bildet vor allem die überseeische, aber auch die kontinentale Expansionsbewegung der okzidentalen Gesellschaften namentlich seit dem letzten Drittel des 19. Jahrhunderts – sie wurde seit den 1870/80er Jahren von den Zeitgenossen ‚Imperialismus' genannt, denn Herrschaft, die begriffsnotwendig mit ihm verknüpft ist, war in wenn auch unterschiedlichen Formen seine Folge. Unter Imperialismus soll mithin (a) sowohl die direkte, formelle, koloniale Gebietsherrschaft als auch die indirekte, informelle Herrschaft entwickelter Industriestaaten über die weniger entwickelten Regionen der Erde verstanden werden . . . Dieser Imperialismus entsprang (b) bestimmten sozialökonomischen und politischen Prozessen in den Metropolisstaaten (H.-U. Wehler [Hg.], Imperialismus. Köln/Berlin 1970, S. 11) (Vorschlag für eine Folie, S. 26).

Unterrichtsschritt 3:
Krisen in Afrika

Die verschiedenen Expansionsrichtungen der englischen („vom Kap bis Kairo") und der französischen Kolonialpolitik (von Westafrika zum Golf von Aden) trafen im Sudan zusammen.
Entweder in Form eines Lehrervortrags oder als hektographierte Zeittafel werden den Schülern folgende Daten und Ereignisse vermittelt, die die Konflikte zwischen den europäischen Großmächten in Afrika verdeutlichen:

1898 Eine französische Expedition unter Hauptmann Marchand dringt in den Sudan vor. Dort stößt sie auf ein starkes englisches Truppenkontigent unter General Kitchener. Ein drohender militärischer Zusammenstoß wird durch das Nachgeben Frankreichs verhindert. Durch einen Vertrag mit dem Sultan von Marokko und mit Zustimmung Englands erhält Frankreich als Ausgleich die Protektoratshoheit über dieses Land.

1905 Erste Marokko-Krise. Auf Veranlassung der deutschen Regierung reist Wilhelm II. nach Tanger; er soll das wirtschaftliche Interesse Deutschlands an Marokko demonstrieren und das deutsche Prestige wahren. Auf der Konferenz von Algeciras unterstützen alle maßgeblichen Staaten Frankreichs Ansprüche auf Marokko, nur Österreich steht auf der Seite des Deutschen Reiches.

1911 Zweite Marokko-Krise. Nach inneren Unruhen besetzen französische Truppen die Hauptstadt Fez. Daraufhin schickt die deutsche Regierung das Kanonenboot „Panther" nach Agadir, um das Mitspracherecht Deutschlands zu unterstreichen.

Das Deutsche Reich verlangt als Entschädigung für die Überlassung Marokkos an Frankreich die französische Kongokolonie. England aber unterstützt Frankreich. Marokko wird endgültig französisches Protektorat. Deutschland muß sich mit der Erweiterung seiner Kolonie Kamerun begnügen.

Gesprächsimpulse:
- Welche Rolle spielte Deutschland im Kreis der europäischen Großmächte?
- Durch welche Maßnahmen wurde ein drohender Krieg verhindert?

Das Deutsche Reich riskierte vorwiegend aus Prestigegründen einen europäischen Krieg. Diplomatisch mußte es eine schwere Niederlage hinnehmen.

Erweiterung:
Zur Ergänzung der Zeittafel könnte eine Quellenauswertung durchgeführt werden, die am Beispiel des englisch-französischen Kolonialgegensatzes die Spannungen zwischen den europäischen Nationen in der Zeit der Aufteilung Afrikas exemplarisch verdeutlicht: Der französische Unterstaatssekretär Eugène Etienne äußert sich über das Verhältnis zwischen England und Frankreich am 7. Juni 1894 (Wulf, Das Zeitalter des Imperialismus, S. 13).

Unterrichtschritt 4:
Bedingungen und Voraussetzungen des Imperialismus

Zum Abschluß der Stunde ist es sinnvoll, noch einmal die Frage nach den Bedingungen und Voraussetzungen des Imperialismus zu stellen, damit das Gesamtphänomen ins Blickfeld gerückt wird. Die Schüler erhalten die Aufgabe, die Ergebnisse in einem Diagramm festzuhalten (siehe Tafelbild).

Keine Hausaufgabe

8. Stunde: Das Wilhelminische Deutschland

Zur didaktischen Funktion

Das Ziel der 8. Stunde ist es, einen Einblick zu geben in die spezifischen Bedingungen des deutschen Imperialismus. Besondere Beachtung verdienen dabei die wirtschaftlichen Triebfedern der deutschen Politik während der Regierungszeit Wilhelms II., aber auch die weitverbreiteten Vorstellungen und Ideen, die die öffentliche Meinung in Deutschland prägten und beeinflußten, sollen berücksichtigt werden.
Die wirtschaftlichen Voraussetzungen des Wilhelminischen Deutschland werden nur vor dem Hintergrund der wirtschaftlich-technischen Grundlagen des Imperialismus der Weltstaaten verständlich. Diese Grundlagen waren zu einem großen Teil auch für die Spielart des deutschen Imperialismus relevant. Da aber Deutschland gegenüber den anderen großen Staaten Europas seine nationale Einheit erst relativ spät erreichte, verzögerte sich auch sein wirtschaftlicher Aufstieg. Die Auswertung des vorgelegten Zahlenmaterials vermittelt die Einsicht in die besonderen Faktoren, welche für die rapide wirtschaftliche Entwicklung Deutschlands nach 1871 ausschlaggebend waren, eine Entwicklung, die dazu führte, daß nicht nur der anfängliche Rückstand gegenüber den anderen Industrienationen schnell aufgeholt wurde, sondern daß das Deutsche Reich in den Jahren vor dem Ersten Weltkrieg nach den USA zur führenden Wirtschaftsmacht der Welt aufstieg. Die rasche Industrialisierung Deutschlands bewirkte einen ausgeprägten gesellschaftlichen Wandel, die Zahl der lohnabhängigen Arbeiter nahm zu, eine neue Mittelschicht entstand.
Im Anschluß an diese Feststellung macht die Frage nach dem Verhältnis zwischen sozialem Wandel und politischer Ordnung im

Deutschen Reich auf die Disparität zwischen den Ansprüchen des beginnenden demokratischen Massenzeitalters und der Statik der vordemokratischen, anachronistischen Reichsverfassung von 1871 aufmerksam. Die dadurch bedingte innenpolitische Labilität, die bis in die Kriegsjahre weiterwirkte, war eine der Ursachen für die Niederlage Deutschlands im Jahre 1918.
Der Zusammenhang zwischen Wirtschaft und Politik wird auch an einer Äußerung Stresemanns deutlich, welche durch drei Komponenten bestimmt ist:

1. durch den Hinweis auf den Wirtschaftskampf Deutschlands gegen seinen großen Rivalen England,
2. durch den Ruf nach einer starken nationalen Politik,
3. durch die Forderung nach starker militärischer Präsenz.

Alle drei Faktoren wirkten weiter im öffentlichen Bewußtsein der Wilhelminischen Gesellschaft: Vor dem Hintergrund einer Anglophobie postulierte Sombart den höchsten individuellen und sozialen Rang des Militärischen; Stresemanns „starke nationale Politik" wird in den Forderungen der Alldeutschen zum unverhüllten Nationalismus verschärft.

Ziele der Stunde

Die Schüler erkennen,

- daß die Bildung von marktbeherrschenden Großunternehmen eine Voraussetzung für den wirtschaftlichen Aufschwung Deutschlands war;
- daß die Großbanken mit ihrem schnell wachsenden Kapital einen entscheidenden Einfluß auf die Steuerung der deutschen Wirtschaft ausübten;
- daß die expandierende Wirtschaft politische Forderungen z.B. nach einer Sicherung des deutschen Handels im Ausland durch den Staat erhob;
- daß die politische Verfassung des Reiches mit dem Status Deutschlands als einer modernen Industrienation nicht mehr übereinstimmte.

Die Schüler erarbeiten

- den Prozeß der Konzentration der Betriebe am Beispiel des Rheinisch-Westfälischen Steinkohlebergbaus;
- die überproportionale Zunahme des frei verfügbaren Kapitals am Beispiel der sechs Berliner Großbanken;
- den wachsenden Anteil Deutschlands am Welthandel gegenüber dem sinkenden Anteil Englands;
- die Merkmale gesellschaftlichen Wandels als Folge der raschen Industrialisierung Deutschlands.

Die Schüler beurteilen

- die Forderungen, die die deutsche Industrie an die Politiker stellte;
- Sombarts Begründung des Militarismus;
- die Thesen des Alldeutschen Verbandes;
- die Notwendigkeit politischer Konsequenzen aus dem sozialen und wirtschaftlichen Wandel der deutschen Gesellschaft.

Verlaufsskizze

Unterrichtsschritt 1:
Bildbetrachtung: Kritik am deutschen Imperialismus

Ein Dia aus der Reihe „Karikaturen zur Wilhelminischen Ära" (FWU 102313, Nr. 8) von Th. Th. Heine aus dem „Simplicissimus" (1900) wird projiziert. Die Schüler beschreiben die Karikatur: Unter der Überschrift „Pneumatik" ist eine „aufgeblasene", unförmige Germania dargestellt. Sie trägt einen Lorbeerkranz; rechts hält sie die Kaiserkrone und links ein lorbeerbekränztes Schwert, mit dem sie auf die Erde zeigt. Ein

Reichsadler schmückt ihre Brust, an ihrem Gürtel hängen asiatische Skalps (China/Boxeraufstand!). Ein kaiserlicher Lakai wartet mit neuen Siegeskränzen. Ein Offizier ist damit beschäftigt, die Figur noch weiter aufzupumpen, hurraschreiende Mitglieder eines Kriegervereins schwenken ihre Zylinderhüte und auf dem nahen Meer zeigt sich die deutsche Flotte. Die Zeichnung trägt den Untertitel: „Nein, nein, nein, nein, Mein Vaterland muß größer sein" (Zitat aus E. M. Arndts Gedicht „Was ist des Deutschen Vaterland?"). Die Überschrift „Pneumatik" macht sich lustig über die imperialistische Aufgeblasenheit des Deutschen Reiches, sie ist aber zugleich eine Anspielung auf das Aufkommen der Luftbereifung und der Autoindustrie zu dieser Zeit (Vgl. Werner Clemens im Beiheft zur Diareihe).
Fragen
- Welche Kräfte stehen nach der Meinung Heines hinter dem deutschen Imperialismus? (Militär, Flotte, nationalistisch denkende Kreise)
- Welche Kräfte sind nicht berücksichtigt?

Die Auswertung der Fragen im Unterrichtsgespräch führt zu der Erkenntnis, daß die wirtschaftlich-technischen Faktoren des Imperialismus in dieser Karikatur keine Rolle spielen.

Unterrichtsschritt: 2
Die wirtschaftlichen Triebfedern des deutschen Imperialismus

Im Rückgriff auf die Ergebnisse der 2. Stunde kann im Unterrichtsgespräch auf die allgemeine wirtschaftliche Entwicklung Deutschlands am Ende des Jahrhunderts hingewiesen werden. Den Schülern wird klar, daß die rasche Zunahme der Industrieproduktion auf der Anwendung neuer Technologien und auf einer relativ günstigen Rohstofflage beruhte (Ruhrgebiet, Schlesien, Elsaß-Lothringen). Die wirtschaftliche Expansion wurde finanziert von mächtigen Großbanken, und sie wurde gefördert vom Staat (Schutzzölle, Zulassung von Kartellen).
Ergänzende Information durch den Lehrer: Im Gegensatz zu den Verhältnissen in den angelsächsischen Ländern hatten die deutschen Banken einen Sonderstatus, sie waren „gleichzeitig Handelsbank, Anlagebank und Investment Trust..." (Die deutsche Wirtschaft von 1871–1914. In: Politik und Gesellschaft 1, S. 133)
Ohne Rückendeckung durch eine Zentralbank hätten die deutschen Banken ihre vielfältigen Aufgaben im Dienst der Wirtschaftsförderung nicht erfüllen können. Einige Daten über die Gründung deutscher Großbanken:

1870 Gründung der Deutschen Bank in Berlin
Gründung der Commerz- und Discontobank in Hamburg
1872 Gründung der Dresdner Bank
1876 Gründung der Reichsbank
(Seit 1871 war die Mark die Währungseinheit im Deutschen Reich.)

Die wirtschaftliche Entwicklung der deutschen Industrie ist abzulesen an drei Statistiken, die anschließend in einer Stillarbeitsphase von den Schülern analysiert werden (siehe Arbeitsblatt 8).

Ergebnis 1: Am Beispiel des Rheinisch-Westfälischen Steinkohlebergbaus läßt sich die Konzentrationsbewegung in der deutschen Industrie zeigen. Die Förderung pro Zeche hat in diesem Zeitraum um 3370%, die Zahl der Arbeiter pro Zeche um 1968% (Zunahme der Arbeitsleistung pro Arbeiter von 159 t auf 252 t) zugenommen, die Zahl der Zechen hat aber in dieser Zeit um 40% abgenommen, d.h. die Förderung konzentriert sich auf immer weniger Betriebe, die aber eine immer höhere Leistung erbringen.

Mögliche Erweiterung:
Ein Tafelbild (s. Vorschlag unten) zeigt die Entstehung zweier deutscher Großunternehmen (AEG und Siemens) durch einen Konzentrationsprozeß (nach: Ludwig Helbig, Politik im Aufriß, Bd. 1, Diesterweg, S. 179).

Ergebnis 2: Die Kriegsgewinne von 1871, aber auch die Gründung von Aktiengesellschaften führten zu einer starken Zunahme finanzieller Liquidität, wie das Beispiel der Berliner Großbanken dokumentiert: von 1870–1914 betrug das Kapitalwachstum 1176%.

Unterrichtsschritt 3:
Gesellschaftlicher Wandel in Deutschland

Auswertung einer Statistik: Berufliche Gliederung der Bevölkerung Deutschlands 1882 und 1907 (s. Vorschlag für eine Folie, S. 64). Ergebnis des anschließenden Unterrichtsgesprächs: Nicht nur die Tabellen über die wachsende Produktivität der deutschen Industrie, sondern auch die Statistik über die Zunahme der Zahl der Lohnabhängigen, insbesondere der Industriearbeiter, sind ein Indiz für den Grad der Industrialisierung in Deutschland zu Beginn des 20. Jahrhun-

Vorschlag für ein Tafelbild
8. Stunde, (Unterrichtsschritt 2, Erweiterung)

Wirtschaftliches Wachstum im Deutschen Reich

1. Bildung von Großunternehmen
2. Verflechtung von Industrie und Finanz (Großbanken)
3. freies Kapital
4. Staatliche Förderung

Die Entstehung von Großunternehmen

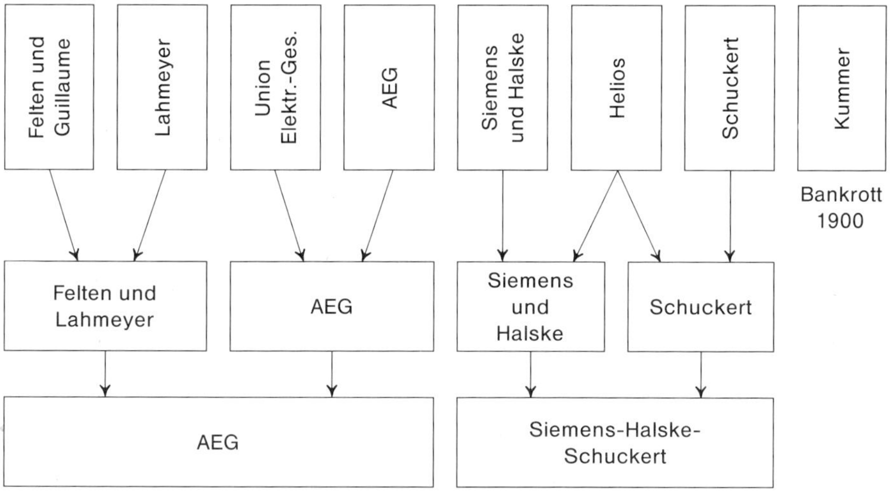

Deutschland ist ein moderner Industriestaat mit einer rückständigen Verfassung

(nach: Ludwig Helbig, Politik im Aufriß, Bd. 1, Diesterweg, S. 179)

derts. Der alte Mittelstand (Bauern, Krämer, Handwerker) geht zurück, ein neuer Mittelstand (Angestellte, Beamte) bildet sich, die Zahl der Lohnarbeiter in der Industrie hat sich in diesem Zeitraum mehr als verdoppelt. Das Deutsche Reich ist ein moderner Industriestaat geworden. Der Vergleich des modernen wissenschaftlich-technischen Standards Deutschlands mit seiner politischen Ordnung (Wahlkreiseinteilung bei den Reichstagswahlen, preußisches Dreiklassenwahlrecht, Stellung des Reichstags und der Exekutive) kann den Schülern folgende Einsicht vermitteln: Das Deutsche Reich war eine moderne Industrienation mit einer rückständigen Verfassung, die der breiten Masse des Volkes eine aktive politische Mitwirkung versagte.

Vorschlag für eine Folie
(8. Stunde, Unterrichtsschritt 3)

Berufliche Gliederung der Bevölkerung im Deutschen Reich (in Mio.):

	Selbständige	Angestellte	Arbeiter (davon: Industriearbeiter)
1882	5,2	0,3	8,5 (4,1)
1907	5,5	1,3	13,5 (8,5)

(nach: Meyer/Langenbeck, Grundzüge der Geschichte. Quellenband II, Diesterweg, S. 42)

Erweiterung:
Ein Diagramm (s. Vorschlag für eine Folie, S. 65) informiert über die Grundstrukturen der deutschen Reichsverfassung von 1871.

Gesprächsimpulse:
- Entspricht diese Verfassung demokratischen Prinzipien? An welchen Stellen?
- Warum war diese Verfassung zu Beginn des 20. Jahrhunderts nicht mehr zeitgemäß?

Erwartete Antworten:
Die eigentliche Reichsgewalt lag nicht beim Reichstag mit seinen vom Volk gewählten Abgeordneten, sondern beim Bundesrat, der keine Wahlkammer, sondern ein Gesandtengremium war. Dort bestimmten die Vertreter der Regierungen bzw. der Fürsten, die auf diese Weise ihre Vormachtstellung als Souveräne sichern konnten. Ein undemokratisches Element zeigt sich auch in der Sonderrolle Preußens, das im Bundesrat über 17 von 41 Stimmen verfügte, wobei 14 Stimmen zur Ablehnung eines Antrags genügten.
In einer Zeit rasanter technischer und wirtschaftlicher Entwicklung und entsprechend wachsender Bevölkerung konnte also die Mehrheit ihren politischen Willen nur in mittelbarer, eingeschränkter Weise zum Ausdruck bringen.

Unterrichtsschritt 4:
Wirtschaft und Politik

Quellenauswertung:
Gustav Stresemann, Wirtschaftlicher Kampf (1910) (s. Vorschlag für eine Hektographie, S. 67).

Textinhalt:
Heute befinden wir uns in einem Wirtschaftskampf vor allem mit England, deshalb muß die deutsche Industrie eintreten für die deutsche Flottenpolitik und für ein starkes Heer zur Sicherung des Weltfriedens. Sie muß auch den politischen Schutz des deutschen Kaufmanns bei seinen Unternehmungen im Ausland durch das Reich fordern.

Gesprächsimpulse:
- Um welche Ziele geht es in diesem Kampf?
- Welche Forderungen stellt die deutsche Industrie an die Politiker?
- Wie werden diese Forderungen begründet?

Die Auswertung des Textes erfolgt im Unterrichtsgespräch. Aus Zeitgründen kann dieser Unterrichtsschritt mit einigen Modifikationen auch durch eine Hausaufgabe ersetzt werden.

Vorschlag für eine Folie (8. Stunde, Unterrichtsschritt 3, Erweiterung)

Die Verfassung des Deutschen Reiches von 1871

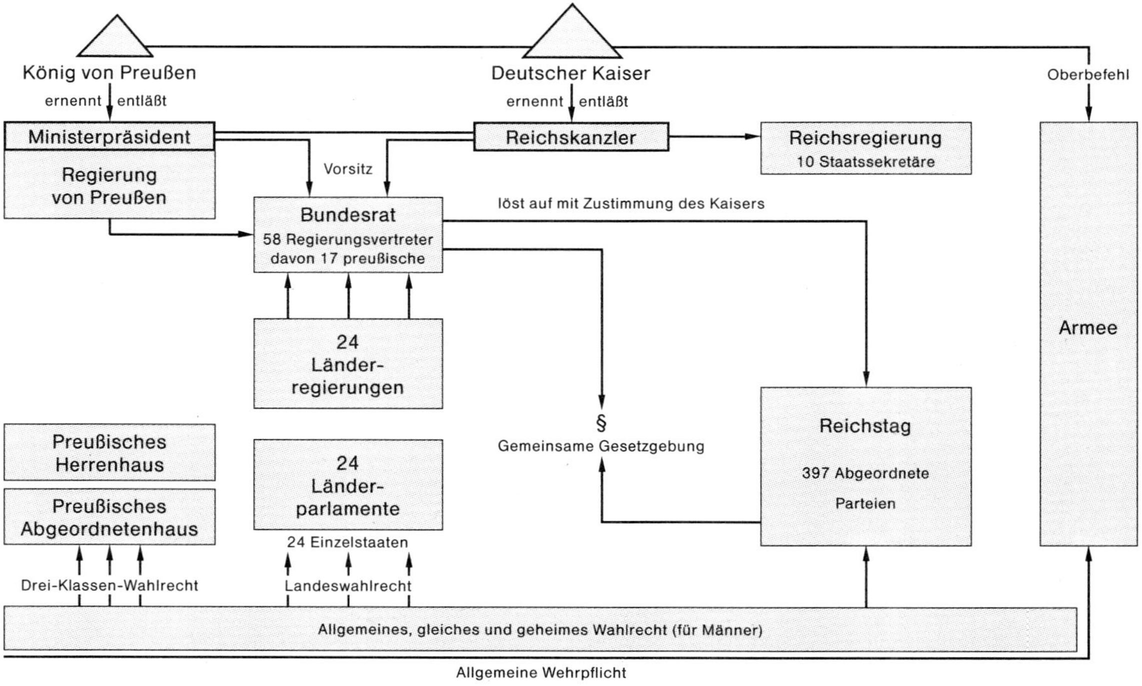

(Aus: Geschichte und Geschehen 9, Baden-Württemberg, Gymnasium, Klett, Stuttgart 1986, S. 212)

Unterrichtsschritt 5:
Herrschende Anschauungen im Wilhelminischen Deutschland I

a) Quellenarbeit: Militarismus
Der Nationalökonom Werner Sombart in seinem Buch „Händler und Helden" (s. Vorschlag für eine Hektographie, S. 67)

Vorschläge für die Besprechung:
- Auf welche beiden Völker bezieht sich wohl der Titel von Sombarts Schrift?
- Wo zeigt sich der besondere Rang des Militärischen in der Wilheminischen Gesellschaft?
- Warum ist für Sombart der Krieg das „Heiligste auf Erden"?
- Wie beurteilt ihr die Thesen des Verfassers?
- Was ist typisch für den Militarismus? Versucht, den Begriff zu definieren!

Ergebnis:
Militarismus ist ein Schlagwort zur Kennzeichnung der Überbewertung oder auch Verabsolutierung des Militärischen gegenüber dem Politischen. Der kämpfende Soldat verkörpert die höchsten menschlichen Tugenden.

Ergänzende Informationen durch den Lehrer:
Im kaiserlichen Deutschland zeigte sich der unverhältnismäßig starke Einfluß des Militärs auf die Politik im Frieden und im Krieg in der Militarisierung der ganzen Gesellschaft. Die Armee wurde zur „Schule der Nation", der Offizier nahm in der sozialen Rangordnung die höchste Stufe ein, und das Bürgertum betrachtete den Militärdienst als Ehrenpflicht und als „Ersatz für politische Mitbestimmung" (Ernst Fraenkel, Karl Dietrich Bacher, Lexikon Staat und Politik, Frankfurt 1966, S. 195).
Schule, Verwaltung, alle Bereiche des zivilen Lebens waren geprägt durch militärische Strukturen: Fraglose Autorität des Vorgesetzten kraft seiner Stellung, Prinzip von Befehl und Gehorsam, Drill, Uniformierung, Betonung der „soldatischen Tugenden": Tapferkeit, Härte, Zuverlässigkeit, Opferbereitschaft, Fähigkeit zu Anpassung und Unterordnung, bedingungsloses Vertrauen in die Führung. Das Militärische wurde zum Selbstzweck.

Unterrichtsschritt 6:
Herrschende Anschauungen im Wilhelminischen Deutschland II

b) Quellenarbeit: Nationalismus:
Aus den Satzungen des Alldeutschen Verbandes 1894 (s. Vorschlag für eine Hektographie, S. 67)
Auch dieser Text kann im Unterrichtsgespräch erschlossen werden.

Vorstellung des Textinhalts:
Alle Bestrebungen in der Heimat, die der nationalen Entwicklung entgegenarbeiten, müssen bekämpft werden. Erziehung soll im Geist des deutschen Volkstums erfolgen. Die Unterstützung deutsch-nationaler Ziele unter den Deutschen in fremden Ländern ist notwendig. Auch die deutsche Kolonialbewegung soll stärker gefördert werden.

Gesprächsimpulse:
- Warum soll das Deutschtum auch im Ausland unterstützt werden?
- Weist imperialistische Vorstellungen in dieser Satzung nach!
- Welche Rolle wird dem deutschen Volk zuerkannt?
- Was ist typisch für eine nationalistische Gesinnung?

Erwartete Schülerbeiträge:
Die Formulierung „Zusammenfassung aller Deutschen auf der Erde für diese Ziele" drückt den Anspruch der Alldeutschen aus, daß alle Deutschen in einem größeren Staat, als es das Bismarckreich war, leben sollten, denn die nationale Eigenart der Deutschen im Ausland ist stets gefährdet, sie kann nur im Kampf gegen die Fremden behauptet werden. Als Nationalismus bezeichnet man die übersteigerte, aggressive Form des Nationalbewußtseins. Die Hochschätzung der eigenen Art, die Propagierung national-egoistischer Interessen ist verbunden mit der Bekämpfung des Fremden.

Als Alternative oder Ergänzung zu den Unterrichtsschritten bieten sich literarische Zeugnisse zum Thema Militarismus und Nationalismus an. Die 8. Szene von Zuckmayers Schauspiel „Der Hauptmann von Köpenick" ist eine pointierte Satire auf die groteske Überschätzung von allem Militärischen im Wilhelminischen Deutschland. Bei Vorlage eines Textausschnitts aus dieser Szene könnte man vor allem die patriotische Rede des Gefängnisdirektors (II, 8) mit Hilfe folgender Fragestellungen analysieren lassen:

- Welche zeittypischen Schlagworte verwendet er?
- Welche Bedeutung hat das Heer?
- Wodurch erhält die Sedansfeier ihren ironischen Hintergrund?

Vorschlag für eine Hektographie
(8. Stunde, Unterrichtsschritte 4, 5, 6)

Gustav Stresemann (1878–1929), Reichstagsabgeordneter der Nationalliberalen, Mitglied des Bundes der Industriellen und des Alldeutschen Verbands, in der Weimarer Zeit Reichskanzler und Außenminister, schreibt in seinem Buch „Wirtschaftspolitische Zeitfragen" (1910):
„In diesem wirtschaftlichen Kampfe stehen wir in erster Linie dem Wettbewerb eines Volkes gegenüber, das die größte Flotte der Welt sein eigen nennt und den Völkern der Erde als weltbeherrschende Macht vor Augen steht.
Was folgt daraus für die Industrie? Sie muß meiner Meinung nach zunächst eintreten für eine starke nationale Politik. Sie muß ... eintreten für eine starke deutsche Flottenpolitik, die uns den Weltfrieden auf dem Meere so sichern muß, wie uns durch unser starkes Heer der Weltfrieden auf dem Lande nun durch volle vier Jahrzehnte gesichert worden ist. Sie muß auf der anderen Seite verlangen, daß, wenn der deutsche Kaufmann hinausgeht in die Welt, wenn er Millionen anlegt in fremden Länder, wenn es ihm gelingt..., sich große und gewaltige Konzessionen in fremden Gebieten zu erringen, daß dann das deutsche Banner über ihm weht."
(Gustav Stresemann, Wirtschaftspolitische Zeitfragen, Dresden 1910, S. 184f.)

In seiner Schrift „Händler und Helden" (1915) vertrat der Nationalökonom Werner Sombart (1863–1941) folgende Thesen:
„Militarismus ist der zum kriegerischen Geiste hinaufgesteigerte heldische Geist. Er ist Potsdam und Weimar in höchster Vereinigung... Alles, was sich auf militärische Dinge bezieht, hat bei uns den Vorrang. Wir sind ein Volk von Kriegern. Den Kriegern gebühren die höchsten Ehren im Staate... unser Kaiser erscheint selbstverständlich offiziell immer in Uniform... Weil aber im Kriege erst alle Tugenden, die der Militarismus hoch bewertet, zur vollen Entfaltung kommen..., darum erscheint uns... der Krieg selbst ein Heiliges, als das Heiligste auf Erden."
(H. Pross, Die Zerstörung der deutschen Politik, Frankfurt 1959, S. 194ff.)

Der Alldeutsche Verband, 1891 gegründet, war ein deutsch-nationaler Agitationsverein, der sich für eine starke deutsche Rüstung und eine expansive Kolonialpolitik einsetzte. Im Ersten Weltkrieg verfolgte er annexionistische Kriegsziele und forderte nach 1918 die Wiederherstellung der Monarchie. Einige wesentliche Ziele des Verbandes sind in der Satzung von 1894 festgehalten:

1. Belebung des vaterländischen Bewußtseins in der Heimat und Bekämpfung aller der nationalen Entwicklung entgegengesetzten Richtungen.
2. Lösung der Bildungs-, Erziehungs- und Schulfragen im Sinne des deutschen Volkstums.
3. Pflege und Unterstützung deutsch-nationaler Bestrebungen in allen Ländern, wo Angehörige unseres Volkes um die Behauptung ihrer Eigenart zu kämpfen haben, und Zusammenfassung aller Deutschen auf der Erde für diese Ziele.
4. Förderung einer tatkräftigen deutschen Interessenpolitik in Europa und Übersee, insbesondere auch Fortführung der deutschen Kolonialbewegung zu praktischen Ergebnissen.

(nach: Hohlfeld, S. 48)

Ein aufschlußreicher Text zum Thema Nationalismus ist die Rede Heßlings im letzten Teil von Heinrich Manns Roman „Der Untertan" (H. Mann, Der Untertan, Berlin 1958, S. 485ff.). Heßling spricht bei der Enthüllung eines Denkmals „Wilhelms des Großen".

Mögliche Gesichtspunkte zur Interpretation dieser Rede:
- Was ist typisch für die große Zeit der Gegenwart?
- Welche Rolle spielt das Deutsche Reich in Europa?
- Worauf gründet sich der hohe Rang des deutschen Volkes?
- Was hat Gott zur Weltgeltung der Deutschen beigetragen?

(Vgl. auch U. Heimrath, Deutsche Literatur im Wilhelminischen Zeitalter. Diesterweg 6210)

Hausaufgabe:

Die Schüler wiederholen in ihrem Lehrbuch Bismarcks Bündnispolitik (s. 9. Stunde, Unterrichtsschritt 2).

9. Stunde: Das europäische Bündnissystem unter Bismarcks Nachfolgern

Zur didaktischen Funktion

In dieser Stunde sollen die außenpolitischen Entscheidungen aufgezeigt werden, die dazu führten, daß das von Bismarck angestrebte politische Gleichgewicht in Europa verlorenging. Die Grundlage für das Verständnis der diplomatischen Aktionen bildet die Einsicht in die jeweils verschiedene Interessenlage der wichtigsten europäischen Nationen. Die Schüler erkennen, welche z.T. konkurrierenden Interessen in Bismarcks Bündnissystem neutralisiert wurden. Daß diese Allianzpolitik, deren oberstes Ziel es war, Frankreich zu isolieren und die Sicherheit des neuerstandenen Deutschen Reiches zu garantieren, auf einem kunstvollen, aber auch künstlichen System beruhte, durch das nur zeitweilig ein höchst labiles Gleichgewicht, eine gewagte Balancierung von Machtverhältnissen zwischen den europäischen Staaten geschaffen werden konnte, macht die Analyse des „Ganz Geheimen Zusatzprotokolls" zum Rückversicherungsvertrag im Vergleich mit dem Artikel III dieses Vertrags deutlich. „Hier ist zweifellos die Spitze eines aufs höchste komplizierten Systems erreicht." (Th. Schieder, Das europäische Staatensystem und seine Wandlungen im Zeitalter Bismarcks. In: Handbuch der europäischen Geschichte Bd. 6, S. 76)
Durch diese Problematisierung der Bismarckschen Außenpolitik wird auch verständlich gemacht, warum seinen Nachfolgern eine Allianz mit Rußland bei einem gleichzeitigen Bündnis mit Österreich/Ungarn als in sich widersprüchlich erscheinen mußte.
Der Stundenentwurf legt das Schwergewicht auf:
1. die Befürworter des „neuen Kurses" – hier repräsentiert durch Caprivi –, die den Kurswechsel der deutschen Politik (Nichterneuerung des Rückversicherungsvertrags) begründen.
2. die Veränderung des europäischen Bündnissystems in den Jahren 1890–1907, die eine Verschiebung der Machtverhältnisse zum Nachteil Deutschlands bewirkte und den Weg von der politischen zur militärischen Auseinandersetzung zwischen beiden Blöcken ebnete.
   Die Vorgeschichte des Ersten Weltkriegs hat begonnen.

Ziele der Stunde

Die Schüler erkennen,
- die Hauptziele der Bismarckschen Bündnispolitik;
- die verschiedenen Interessen der Verbündeten, die die Stabilität des Bündnisses ständig bedrohten;

- die Konsequenzen, die die Nichterneuerung des Rückversicherungsvertrags mit sich brachte;
- daß die Vertreter des „neuen Kurses" eine wirklichkeitsfremde Politik zum Nachteil des Deutschen Reiches betrieben.

Die Schüler erarbeiten
- anhand von Quellen die Problematik der Bismarckschen Außenpolitik und die Ziele der deutschen, der österreichischen, der russischen und der englischen Politik;
- aus einer Quelle einige entscheidende Gründe für den Kurswechsel der deutschen Politik nach Bismarck;
- ein Diagramm, indem sie die Daten einer Zeittafel in ein Schaubild umsetzen (die neue Konstellation der Mächte).

Die Schüler beurteilen
- die Auswirkungen der neuen deutschen Außenpolitik (Vergleich zweier Diagramme).

Verlaufsskizze

Unterrichtsschritt 1:
Die Reaktion Frankreichs auf die Niederlage von 1871

Zu Beginn der Stunde wird in einem kurzen Gespräch noch einmal auf die für Frankreich nachteiligen Folgen des Friedensvertrages von 1871 eingegangen. Durch folgende Fragen kann das Unterrichtsgespräch strukturiert werden:
- Welche Folgen hatte die Abtretung Elsaß-Lothringens für Frankreich?
- Wie reagierte die französische Öffentlichkeit?
- Welche Interessen bestimmen jetzt die französische Politik?

Vorschlag für eine Folie
(9. Stunde)

Ziel der französischen Politik:

Revision des Friedensvertrages von 1871

Ziel der deutschen Politik zur Zeit Bismarcks:

Sicherung des gegenwärtigen Zustands durch Isolierung Frankreichs

Ziel der österreichischen Politik:

Festigung des Vielvölkerstaates und Expansion im Gebiet der Südslawen

Ziel der russischen Politik:

Konstantinopel, Südosteuropa

Ziel der englischen Politik:

Sicherung der Seewege

Mögliche Erweiterung:
Warum sind Gebietsabtretungen im Zeitalter der Nationalstaaten problematisch? (Vgl. die Annexionen nach dem Zweiten Weltkrieg: ehemals polnische Gebiete, die an die Sowjetunion fielen; die ehemals deutschen Gebiete, die von Polen annektiert wurden; die Gründe für die Vertreibung der ansässigen Bevölkerung.)

Unterrichtsschritt 2:
Das Ziel der Bündnispolitik Bismarcks

Die Hausaufgabe (Bismarcks Bündnispolitik) wird gemeinsam besprochen. Bismarcks Antwort auf die unvermeidlichen deutsch-französischen Spannungen war die Sicherung des Status quo in Europa durch eine Bündnispolitik, die Frankreich außenpolitisch isolierte und die Stellung Deutschlands durch Bündnisse stärkte und sicherte. Gleichzeitig erklärte sich das Deutsche Reich für saturiert. Bismarck verfolgte eine „Friedenspolitik im Reichsinteresse".

Unterrichtsschritt 3:
Bismarcks Politik und die Spannungen zwischen den europäischen Staaten

Problematisierung der Bismarckschen Bündnispolitik: Dem Artikel III des Rückversicherungsvertrags wird das „Ganz Geheime Zusatzprotokoll" zu diesem Vertrag gegenübergestellt (Vertrags-Ploetz Teil II, 3. Band, S. 371; Geschichte in Quellen 4, S. 483; Bußmann, Die auswärtige Politik des Deutschen Reiches unter Bismarck 1871–1890, S. 60).
In Artikel III wird die Bestimmung des Ber-

Vorschlag für ein Arbeitsblatt
(9. Stunde, Unterrichtsschritt 3)

Bismarcks Bündnispolitik

Mit dem Abschluß des sogenannten „Rückversicherungsvertrags" vom 18. Juni 1887 wurden die deutsch-russischen Beziehungen auf eine neue Grundlage gestellt.
In Artikel III des Vertrags heißt es:

1. Die beiden Höfe erkennen den europäischen und gegenseitig bindenden Charakter des Grundsatzes der Schließung der Meerengen des Bosporus und der Dardanellen an, der begründet ist auf dem Völkerrechte, bestätigt durch die Verträge und zusammengefaßt in der Erklärung des zweiten Bevollmächtigten Rußlands in der Sitzung des Berliner Kongresses vom 12. Juli (Protokoll 19). Sie werden gemeinsam darüber wachen, daß die Türkei keine Ausnahmen von dieser Regel zugunsten der Interessen irgendeiner Regierung dadurch macht, daß sie den Teil ihres Reiches, den die Meerengen bilden, für militärische Operationen einer kriegführenden Macht hergibt.

(nach Walter Bußmann, Die auswärtige Politik des Deutschen Reiches unter Bismarck 1871–1890, Stuttgart 1973, S. 60)

Diesem Vertrag wurde ein „Ganz Geheimes Zusatzprotokoll" angefügt, dessen Punkt 2 einen direkten Bezug hat zu Artikel III:

2. In dem Falle, daß Seine Majestät der Kaiser von Rußland sich in die Notwendigkeit versetzt sehen sollte, zur Wahrung der Rechte Rußlands selbst die Aufgabe der Verteidigung des Zuganges zum Schwarzen Meere zu übernehmen, verpflichtet sich Deutschland, seine wohlwollende Neutralität zu gewähren und die Maßnahmen, die Seine Majestät für notwendig halten sollte, um den Schlüssel seines Reiches in der Hand zu behalten, moralisch und diplomatisch zu unterstützen.

(Bußmann, a.a.O.)

Aufgaben/Fragen:

1. Vergleicht beide Vertragsbestimmungen. Was fällt euch auf?
2. Welchen Sinn hat die Schließung der Meerengen für nichttürkische Kriegsschiffe?
(3. Mögliche Ausweitung: Welche Bestimmungen gelten heute?)
4. Welche Macht hatte ein besonderes Interesse an dieser Regelung?
5. Welche Absicht verfolgte wohl die deutsche Politik mit dieser „Geheimdiplomatie"?

liner Kongresses (1878) bestätigt, daß die türkischen Meerengen für fremde, d.h. nichttürkische Kriegsschiffe verschlossen sein sollen. Das Zusatzprotokoll verkehrt diese Bestimmung in ihr Gegenteil, es gibt die Meerengen dem russischen Zugriff preis (s. Vorschlag für ein Arbeitsblatt, S. 70).

Ergebnis:
England hat im Hinblick auf die Sicherung seines Empire ein großes Interesse daran, durch das Fernhalten russischer Kriegsschiffe die freie Schiffahrt vor allem im Mittelmeer aufrechtzuerhalten. Das Zusatzabkommen war nur eine scheinbare Konzession an den russischen Bundesgenossen, denn England wäre bei einer russischen Besetzung der Meerengen sofort aktiv geworden. Unter diesen Umständen wäre dann eine Anlehnung Englands an das Deutsche Reich wahrscheinlich geworden.
Die Frage, welche Spannungen zwischen den europäischen Staaten durch Bismarcks Bündnispolitik neutralisiert werden sollten, könnte von den Schülern in folgender Weise beantwortet werden: Zwischen Rußland und Österreich-Ungarn besteht ein Interessengegensatz aufgrund ihrer Rivalität auf dem Balkan; zwischen Österreich-Ungarn und Italien gibt es Spannungen wegen der italienischen Gebietsforderungen auf das Trentino, Triest mit Istrien, die dalmatinische Küste („Irredenta").

Unterrichtsschritt 4:
Der „neue Kurs" und seine Befürworter

Auch hier ist eine kurze Charakterisierung der maßgeblichen Politiker angebracht.

1. Friedrich von Holstein (1837–1909) war der Sohn eines preußischen Offiziers. Er studierte Jura und trat im Alter von 31 Jahren in den preußischen auswärtigen Dienst ein. Zwischendurch ließ er sich von seinem Amt beurlauben, um sich an einem Wirtschaftsunternehmen zu beteiligen. Allerdings kostete ihn diese Beteiligung sein ganzes Vermögen. Im Jahre 1870/1 finden wir ihn wieder in Bismarcks Stab, fünf Jahre später im Auswärtigen Amt in Berlin. Hinter dem Rücken seines Chefs arbeitete er gegen dessen Rußlandpolitik, indem er den Österreichern geheime Informationen über das deutsch-russische Verhältnis zuspielte. Trotz dieser Intrigen gelang es ihm, weiterhin als pflichteifriger, loyaler Beamter zu gelten.
Seine Umgebung hielt ihn für einen hochbegabten Sonderling. Bismarck hat ihn geschätzt, aber auch gefürchtet. Auch unter Bismarcks Nachfolgern hatte Holstein die Möglichkeit, seine probritische und antirussische Politik fortzusetzen. Folgerichtig wandte er sich gegen die Erneuerung des Rückversicherungsvertrags. Zur Zeit der Marokko-Krise 1904 plädierte er für einen deutschen Präventivkrieg, um das Zusammenwachsen des „Dreiverbands" (England, Frankreich, Rußland) zu verhindern. Nach der Beilegung dieser Krise wurde er in den Ruhestand verabschiedet.
Da sich der Geheimrat Holstein ständig im Hintergrund hielt und sich nie durch direkte politische Verantwortung exponierte, ist sein Anteil an der Neuorientierung der deutschen Außenpolitik nicht genau zu erfassen. Er war eine schillernde Figur, eine problematische Persönlichkeit mit einer problematischen Wirkung, ein „hochbegabter Diplomat, aber kein schöpferischer Staatsmann" (Biographisches Wörterbuch zur deutschen Geschichte. München o. J., S. 1236–1238).

2. Der Nachfolger Bismarcks im Amt des Reichskanzlers war Leo von Caprivi (1831–1899); preußischer General, von 1883–1888 Chef der Admiralität, 1890–1894 Reichskanzler. Unter seiner Kanzlerschaft wird unter dem Einfluß der Partei Holsteins der Rückversicherungsvertrag mit Rußland nicht erneuert.

Die Schüler werden mit einem Text konfrontiert: „Reichskanzler von Caprivi begründet die Nichterneuerung des Rückversicherungsvertrags mit Rußland" (s. Arbeitsblatt 9), der über die Gründe Caprivis Auskunft gibt (Geschichte in Quellen, Bd. 4, S. 561; Hohlfeld Bd. II, S. 5f.)

Zusammenfassung:
Bei Fortdauer des gegenwärtigen Bündnissystems befürchtet der Reichskanzler eine Entfremdung zwischen dem Deutschen Reich und Österreich-Ungarn, außerdem eine Stö-

rung der deutsch-englischen Beziehungen wegen der Konflikte zwischen England und Rußland in der Kolonialpolitik. Ein Bündnis zwischen Deutschland und Rußland zahle sich zudem auch militärisch nicht aus, weil bei einem deutsch-französischen Krieg ein Teil der deutschen Armee trotzdem die deutsch-russische Grenze sichern müßte. Ein Bündnis zwischen Rußland und Frankreich scheint ihm vor allem für Rußland wegen dessen ständiger Bedrohung durch die englische Mittelmeerflotte sinnlos zu sein; eine Allianz zwischen Rußland und England wäre nur durch russische Konzessionen in Asien zu erkaufen, schließlich ist nach seiner Ansicht auch ein Bündnis zwischen Rußland, Frankreich und England wegen der englischen Interessen im Mittelmeer unwahrscheinlich.

Ergebnis:
Caprivi hält einen Ausgleich zwischen England und Rußland, zwischen „Walfisch" und „Bär" für undenkbar, denn er ist davon überzeugt, daß die kolonialen Spannungen schwerwiegender sind als die kontinentalen (europäischen).

Unterrichtsschritt 5:
Diplomatische Aktivitäten der europäischen Staaten von 1890–1907

Den Schülern wird eine Zeittafel vorgelegt:
1890 Der Rückversicherungsvertrag zwischen Deutschland und Rußland wird nicht erneuert.
1890 England tritt Helgoland an Deutschland ab, das Deutsche Reich verzichtet dafür auf Sansibar.
1891–1901 Bündnisverhandlungen zwischen England und Deutschland scheitern.
1892 Militärkonvention (d.h. völkerrechtliches Abkommen über militärische Zusammenarbeit) zwischen Frankreich und Rußland.
1902 Neutralitätsvertrag zwischen Frankreich und Italien.
1904 „Entente cordiale" zwischen Frankreich und England. – Interessenausgleich: Ägypten wird als englisches, Marokko als französisches Interessengebiet anerkannt.
1907 Englisch-russisches Abkommen über Persien und Afghanistan. England erreicht die Sicherung der indischen Grenze, Rußland erwartet englische Unterstützung in der Meerengenfrage.

Impulse für die Auswertung der Zeittafel:
- Welchen Verdacht mußte das deutsch-englische Abkommen bei den verantwortlichen russischen Politikern wecken?
- Welche Entscheidung Rußlands wurde dadurch indirekt vorbereitet?

Erwartete Schülerantworten:
Rußland befürchtete eine grundsätzliche Neuorientierung der deutschen Politik durch eine sich anbahnende Allianz mit England. Nach der Nichterneuerung des Rückversicherungsvertrags suchte Rußland Anlehnung bei Frankreich. Durch den Ausgleich mit England in Asien hat es nun die Hand frei für ein stärkeres Engagement in Westeuropa (Balkan, Meerengenfrage).
Nach der erklärenden Besprechung der angegebenen Daten und Ereignisse erhalten die Schüler folgende Aufgabe: Wertet diese Zeittafel aus, indem ihr in einem Diagramm die neue Konstellation der europäischen Mächte darstellt.
Die Gegenüberstellung der beiden Skizzen (Bismarcks Bündnispolitik und die neue Gruppierung der Mächte) macht die machtpolitische Kräfteverschiebung zum Nachteil des Deutschen Reiches augenfällig. In der folgenden Besprechung sollte auf den „Grundirrtum" (Th. Schieder) der deutschen Politik eingegangen werden: Die schon von Holstein befürwortete Allianz mit England kam durch Gründe, die noch zu klären sind, nicht zustande. Der Dreibund, der in Wirklichkeit ein Zweibund war, wie sich bald zeigen sollte, war kein Äquivalent

für die notwendige Absicherung des Deutschen Reiches durch ein Bündnis mit einer Weltmacht. Die Theorien Caprivis und seiner Anhänger wurden durch die Realität gründlich widerlegt, die deutsche Politik hat die Möglichkeit eines außereuropäischen Ausgleichs zwischen den imperialistischen Großmächten nicht in ihre Überlegungen einkalkuliert.

Alternative:
Bei der Auswertung der Zeittafel könnte man einmal die nationale Perspektive aufgeben und die Veränderung des europäischen Bündnissystems etwa vom Standpunkt einer nichtdeutschen europäischen Großmacht betrachten. Da nach der fast übereinstimmenden Meinung der Historiker die französische Diplomatie Außerordentliches geleistet hat im Dienst der französischen Interessen, könnte der französische Blickwinkel besonders lohnend sein. Der hohen Kunst der französischen Diplomatie (ihre hervorragenden Vertreter waren Hanotaux und Delcassé) gelang es, Zug um Zug die außenpolitische Isolierung ihres Landes zu durchbrechen. Zuerst erreichten sie den Abschluß der französisch-russischen Militärkonvention (1892). Die Analyse dieses Vertrags (Geschichte in Quellen 4, S. 566; Wulf, Das Zeitalter des Imperialismus, S. 7f.) macht auch die sogenannte Mobilmachungsautomatik bei den Vertragsschließenden deutlich. Diese unheilvolle Festlegung hat wesentlich zum Ausbruch des Ersten Weltkriegs beigetragen, die Mobilmachung Rußlands mußte zwangsläufig zur Mobilmachung Frankreichs führen. Der Vertrag ist zwar ein Defensivbündnis, aber seine Bestimmungen beziehen sich ausschließlich auf einen möglichen Angriff durch ein Mitglied des Dreibunds, wobei Deutschland besonders hervorgehoben wird. An die Übereinkunft in Abschnitt 5: „Frankreich und Rußland werden keinen Separatfrieden schließen“ fühlte sich im Ersten Weltkrieg der Zar ausdrücklich gebunden.

Mögliche Hausaufgabe:

Quellenarbeit:
Die Reaktion Rußlands auf die Nichterneuerung des Rückversicherungsvertrags zeigt folgender Text: Der russische Minister des Äußeren, von Giers, über ein Bündnis zwischen Frankreich und Rußland (21. August 1891) (Wulf, Das Zeitalter des Imperialismus, S. 3).

Zusammenfassung:
Rußland befürchtet, daß Großbritannien die politischen Ziele des erneuerten Dreibundes unterstützen könnte. Im Interesse des Friedens kommen Frankreich und Rußland überein, sich bei einem Angriff auf eine der beiden Mächte über die dann zu treffenden Maßnahmen zu verständigen (s. Arbeitsblatt 9).

10. Stunde: Wachsende Entfremdung zwischen Deutschland und England

Zur didaktischen Funktion

In der Regel wird man auf die Frage nach den Gründen für das Scheitern der Bündnisverhandlungen zwischen Deutschland und England von den Schülern der Mittelstufe nur recht allgemeine Antworten erwarten können. Der Sinn der Fragestellung liegt eher darin, das Problem zu exponieren, das bereitgestellte Material soll dann als Hilfe für die Lösung dieses Problems erkannt werden. Die Analyse der Bülow-Rede führt zu einer ersten wichtigen Einsicht: Die imperialistische Politik Deutschlands, das in Afrika und dann in China seine Ansprüche als zukünftige Weltmacht anmeldete, führte zu Spannungen mit anderen europäischen Großmächten, die schon vorher Expansionspolitik betrieben hatten. Im Rückgriff auf die sechste Stunde kann daran erinnert werden, daß die deutsche Chinapolitik neben russischen vor allem englische Interessen berührte und daß die aggressive Politik Deutschlands in Afrika die Spannungen in den deutsch-englischen Beziehungen verschärfte. Die Mansionhouse-Rede Lloyd George's dokumentiert die Reaktion des of-

fiziellen England und zeigt einen Tiefstand im Verhältnis beider Länder zueinander. Nach diesen einleitenden Erwägungen führt Unterrichtsschritt 3 zum Kern des Problems: Der rasche Aufbau der deutschen Kriegsflotte bedrohte vitale englische Interessen. Die Auswertung des Arbeitsblatts zeigt das Zahlenverhältnis der Großkampfschiffe und macht den schwindenden Abstand zwischen der englischen und der deutschen Flottenrüstung augenfällig. Es ist nicht unwichtig, daß die Schüler in diesem Zusammenhang erkennen, welche Bedeutung der deutschen Flottenrüstung in Deutschland zugemessen wurde und welche negativen Auswirkungen der Ausbau der deutschen Kriegsflotte in England hatte: Die Bemühungen um eine deutsch-englische Verständigung gerieten in eine Sackgasse. Nicht zuletzt, weil Deutschland die seiner politischen, wirtschaftlichen und militärischen Kraft angemessene Rolle eines Juniorpartners Großbritanniens nicht spielen wollte, verweigerte es eine Beschränkung seiner Flottenrüstung.
Die Überlegung, daß der Ausbau der deutschen Flotte nicht nur dem Prestigedenken der jungen Großmacht und ihrem außenpolitischen Konzept entsprach, sondern daß er auch innenpolitisch motiviert war, weil man die Flotte als Symbol der nationalen Einheit sah, als „Schmelztiegel" der Nation (Aufhebung der Stammesunterschiede, Ausschaltung der Klassengegensätze), wird in unserem Entwurf nicht weiter verfolgt (vgl. A. Hillgruber, Deutschlands Rolle in der Vorgeschichte der beiden Weltkriege, Göttingen 1967, S. 20).

Im Anschluß an die vorhergehende Stunde ist es möglich, auch die Frage nach dem besonderen Charakter der Herausforderung Englands durch die deutsche Flottenrüstung von den Schülern selbständig beantworten zu lassen: Die Neugruppierung der europäischen Nationen ließ von den europäischen Großmächten nur noch Deutschland als potentiellen Gegner Englands übrig. Diese Einsicht kann die Brisanz der Flottenfrage für die englische Politik verdeutlichen.

Ziele der Stunde

Die Schüler erkennen,
- daß die deutsche Marokko-Politik zu einer rapiden Verschlechterung der deutsch-englischen Beziehungen führte;
- daß die deutsche Flottenrüstung die Weltmachtinteressen Englands bedrohte;
- daß die europäische Bündnispolitik nach Bismarck, England und Deutschland zu potentiellen Gegnern auch in einem Seekrieg machte;
- daß die politischen Spannungen zu einem allgemeinen Wettrüsten führten.

Die Schüler erarbeiten
- aus dem Text einer Rede Bülows die globale politische Zielsetzung der deutschen Politik in der Kolonialfrage;
- aus dem Text einer Rede Lloyd George's die scharfe Reaktion auf die deutschen Ansprüche in Marokko;
- anhand von Zahlenmaterial den Verlust des englischen ‚two power standard' durch die deutschen Flottenrüstung;
- aus einer Tabelle die verschiedenen Ausgaben der Großmächte für Rüstung;
- aus einer Tirpitz-Rede die politische und militärische Bedeutung der Flottenrüstung für die deutsche Politik.

Die Schüler beurteilen
- die Argumente, die für die deutsche Flottenrüstung vorgebracht wurden;
- das Streben des Deutschen Reiches nach Weltmachtstellung;
- das politische Kräfteverhältnis zwischen Deutschland und England.

Verlaufsskizze

Unterrichtsschritt 1:
Reibungsflächen zwischen Deutschland und England

In einem einleitenden Gespräch werden als Impulse zwei Angaben aus der Zeittafel der letzten Stunde noch einmal einander gegenübergestellt:
1. Einigung zwischen Deutschland und England über Helgoland (1890); 2. Die Bündnisverhandlungen zwischen beiden Staaten scheitern (1890–1901).
Die Schüler werden nun aufgefordert, sich Gedanken zu machen über die möglichen Gründe für das Scheitern der Verhandlungen.
- Welche Konfliktstoffe gab es zwischen den beiden Staaten?
- Warum wurde trotz des guten Anfangs von 1890 kein weiterreichender Interessenausgleich erreicht?

Als Hilfe für die Beantwortung dieser Fragen wird den Schülern ein Auszug aus einer Rede des Staatssekretärs und späteren Reichskanzlers von Bülow vorgelegt, die dieser am 6. 12. 1897 im Reichstag hielt, um die kaiserliche Annexionspolitik in China zu verteidigen (Ripper, Politik und Theorie des Imperialismus, S. 28; Handbuch Bd. 5, S. 117; Fragen an die Geschichte 3, S. 269; auch in einigen Lehrbüchern abgedruckt). (s. Arbeitsblatt 10)
Textinhalt: Das Deutsche Reich meldet seinen Anspruch an auf Erwerb von Kolonien. Deutsche Missionare, Kaufleute und Unternehmer sollen in China genauso respektiert werden wie die Vertreter anderer Nationen. Als Kolonialmacht verlangt Deutschland die gleichen Rechte wie die anderen Kolonialmächte.

Ergebnis der Auswertung:
Das Deutsche Reich verkündet offen seinen Anspruch auf Weltgeltung und nimmt durch seine Chinapolitik (Erwerb von Kiautschou) Reibungen mit England und Rußland in Kauf. Die Frage nach weiteren außereuropäischen Konflikten zwischen Deutschland und England rückt die Marokko-Krisen noch einmal ins Blickfeld.

Ergänzung:
Schon durch die Nichterneuerung des Rückversicherungsvertrags war das Verhältnis zwischen Deutschland und Rußland so abgekühlt, daß es 1891 zu einer Neuorientierung der russischen Politik gekommen war. Unter seinem Außenminister von Giers hatte sich Rußland mit Frankreich auf gegenseitige Konsultationen bei einem eventuellen Angriff auf eines der beiden Länder geeinigt (s. Hausaufgabe 9. Stunde).
Zwar handelte es sich bei der vorliegenden Erklärung nicht um einen offiziellen Bündnisvertrag: Gesprächspartner des russischen Außenministers war der *ehemalige* französische Botschafter de Laboulaye, und die herzliche Tonart kann nicht darüber hinwegtäuschen, daß außer gegenseitigen Informationen keine weiteren konkreten Maßnahmen vereinbart wurden, aber der Grund war jetzt gelegt für eine weiterreichende Verständigung zwischen beiden Nationen: Frankreichs Diplomatie war die Annäherung an Rußland geglückt.

Unterrichtsschritt 2:
Die englische Reaktion auf den „Panthersprung"

Lehrervortrag:
Am 2. Juli 1911 traf sich im Mansionhouse unter dem Vorsitz des Lord Mayor von London eine Gruppe von Bankiers. Als Redner war der Schatzkanzler und spätere Premierminister (1916–1927) Lloyd George eingeladen. Der liberale Politiker war als deutschfreundlich bekannt. Vor drei Jahren hatte er Deutschland besucht, um in Gesprächen mit der politischen Führung in Berlin die anhaltende Verstimmung zwischen England und Deutschland zu überwinden. Seine Rede war an die Adresse der deutschen Reichsregierung gerichtet und sollte als unmittelbare Reaktion der britischen Regierung auf den

„Panthersprung“ verstanden werden, der die zweite Marokko-Krise ausgelöst hatte (7. Stunde, Unterrichtsschritt 3). Die überraschend deutliche Erklärung des Schatzkanzlers erregte in England und besonders in Deutschland größtes Aufsehen.
Die Rede wird auszugsweise vorgelesen (abgedr. in: Geschichte in Quellen 4, S. 711f.; Hohlfeld Bd. 2, S. 236f.; und in verschiedenen Lehrbüchern).

Zusammenfassung:
England muß seinen Einfluß in der Welt unbedingt aufrechterhalten, denn seine Politik dient der Wohlfahrt und der Freiheit aller Völker. Doch, wenn Englands Lebensinteressen, seine nationale Ehre, sein großer internationaler Handel bedroht sind, dann wäre eine Friedenspolitik um jeden Preis eine unerträgliche Erniedrigung für die englische Nation.

Gesprächs-Impulse:
- Welche Aufgaben hat England als Weltmacht?
- Welche Interessen Englands sind durch die deutsche Politik bedroht?
- Welche Drohung wird indirekt ausgesprochen?

Unterrichtsschritt 3:
Deutschland und England (Bildbetrachtung)

Dies ist der Titel einer Karikatur des Zeichners Wilhelm Schulz (Simplicissimus 1912; Bild Nr. 9 in der Dia-Reihe „Karikaturen zur Wilhelminischen Ära“ FWU 102313). Die Karikatur – sie ist auch in einigen Lehrbüchern abgebildet – wird projiziert und gemeinsam analysiert. Sie zeigt den deutschen Michel und einen pfeifenrauchenden englischen Thommy, die sich, die Arme voller Schiffe, mißtrauisch gegenüber stehen. Unterschrift: „Wie sollen wir uns da die Hand geben?“

Gesprächsimpuls:
- Wie beurteilt der Karikaturist das Ergebnis der deutschen Flottenrüstung?

Unterrichtsschritt 4:
Flottenrüstungen der Großmächte

Auswertung von Zahlenmaterial (s. Arbeitsblatt 10) über den Bau von großen Schlachtschiffen (sog. Dreadnoughts mit ca. 20000 BRT mit starker, weitreichender Artillerie und starker Panzerung) in England, Deutschland, Frankreich, Rußland im Zeitraum von 1905–1913 (Quellenband II, S. 87; Handbuch Bd. 5, S. 120; und in einigen Lehrbüchern).
Die Auswertung führt zu folgenden Resultaten:
1. 1913 besitzt England 42, Deutschland 26, Frankreich 17, Rußland 8 Großkampfschiffe. Vor allem infolge des raschen Flottenbaus der Deutschen kann England seinen „two power standard“ nicht halten, damit ist seine Seehegemonie bedroht.
2. Die Herrschaft zur See ist aber die Voraussetzung für die Stellung Englands als Weltmacht gegenüber den aufsteigenden Mächten.
3. Die Neugruppierung der Mächte hatte dazu geführt, daß Frankreich als möglicher Gegner Englands ausschied (Entente 1904). Das Abkommen Englands mit Rußland (1907) hatte zum Interessenausgleich geführt, so blieb als möglicher Gegner Englands zur See nur noch die deutsche Flotte übrig. Der deutsche Flottenbau drohte, das europäische Gleichgewicht, die Voraussetzung für die Konsolidierung und den weiteren Ausbau des britischen Empire zu gefährden. Der deutsche Flottenrivale wird in England als aufstrebende Großmacht gefürchtet, die möglicherweise die Vorherrschaft in Europa erreichen will.
4. Tirpitz (der Text ist abgedruckt in: Ge-

schichte in Quellen 4, S. 606; Quellenbuch II, S. 88; Handbuch Bd. 5, S. 119) will zwar keinen Angriffskrieg mit der Flotte führen. Die deutsche Flotte soll aber so stark sein, daß jeder Angriff der englischen Flotte auf die deutsche mit einem Risiko für die größte Seemacht verbunden ist.
Ergänzende Information durch den Lehrer:

Durch die forcierte deutsche Flottenrüstung soll Großbritannien an die Seite Deutschlands gezwungen werden. Auch Holstein und der Kaiser vertraten den Gedanken, Deutschland müsse zur See so stark werden, „daß wir wünschenswerte Bundesgenossen (Englands) werden" (Wilhelm II.). Statt dessen wurde aber der Interessenausgleich zwischen England und Deutschland durch den Ausbau der deutschen Kriegsflotte unmöglich gemacht, das Mißtrauen zwischen beiden Mächten wuchs (Tafelbild).

Mögliche Erweiterung:
England versuchte im Jahre 1908 mit Deutschland zu einer Übereinkunft in der Flottenfrage zu kommen. Wilhelm II. berichtete über sein Gespräch mit dem Unterstaatssekretär im Foreign Office, Sir Charles Hardinge (Quellenband II, S. 90; Hohlfeld, S. 183ff.)
Dieses aufschlußreiche Gespräch macht die Belastung der deutsch-englischen Beziehungen durch den deutschen Flottenbau deutlich. Gleichzeitig charakterisiert sich der Berichtende (W. II.) selbst als voreingenommenen, nationalistischen Politiker, der die Situation nicht realistisch einschätzen kann, weil ihn sein Wunschdenken leitet.

Unterrichtsschritt 5:
Das Anwachsen der Rüstungsausgaben der europäischen Großmächte von 1905–13

Diese Statistik zeigt, daß die europäischen Krisen zu Beginn des 20. Jahrhunderts von den Großmächten nicht nur mit der Verstärkung der Kriegsflotten beantwortet wurden (s. Arbeitsblatt 10). Die Berechnung ergibt: 1. Deutschland: 98,4%; 2. Rußland: 91,8%; 3. Österreich-Ungarn: 56,5%; 4. England: 18%.

Hausaufgabe:

Informiert euch mit Hilfe des Geschichtsatlanten (Klett-Atlas S. 31; Putzger-Atlas S. 106f.) oder des Lehrbuchs über die Länder Österreichs und Ungarns vor dem Ersten Weltkrieg (s. 11. Stunde, Unterrichtschritt 1).

11. Stunde: Der habsburgische Vielvölkerstaat und seine Probleme

Zur didaktischen Funktion

Die Gründe, die Österreich-Ungarn zu seiner scharfen und in letzter Konsequenz kriegsauslösenden Reaktion gegen Serbien veranlaßten, sind nur zu verstehen, wenn man die besonderen Probleme des Vielvölkerstaats mit seinen zentrifugalen Kräften berücksichtigt. Andererseits war die nationalistische Politik Serbiens, das die Südslawen im Habsburgerreich befreien und in einem Großserbien zusammenfassen wollte, und damit die Frontstellung dieses Landes gegen Österreich ohne weitgehende russische Rückendeckung schwer vorstellbar. Rußlands Interessen waren nach dem verlorenen russisch-japanischen Krieg wieder stärker nach Westen auf den Balkan und auf die Dardanellen gerichtet. Die Unterstützung der Balkanstaaten, besonders Serbiens, gegen Österreich und gegen das osmanische Reich war für Rußland ein Weg zur Erreichung seiner politischen Ziele. Hinter dieser politischen Zielsetzung stand eine ideologische, die die Balkanpolitik der Russen rechtfertigte: Die panslawische Bewegung erstrebte ein Großreich aller Slawen unter der Führung Rußlands.
Unter Berücksichtigung dieser Aspekte stellt

der Stundenentwurf vier Themen in den Vordergrund:

1. die Probleme, die das Zusammenleben verschiedener Völker im Habsburgerreich mit sich brachte,
2. die Widerstände Rußlands gegen die österreichische Balkanpolitik (1908, 1913) und die Unterstützung der serbischen Politik durch Rußland,
3. die politischen Ziele Serbiens, die den Bestand Österreichs gefährdeten,
4. die ideologischen Grundlagen der russischen Balkanpolitik (Panslawismus).

Ziele der Stunde

Die Schüler erkennen,

- daß durch das Zusammenleben verschiedener Völker in der Donaumonarchie spezifische Probleme entstanden, die im Rahmen der bestehenden staatlichen Ordnung (Dualismus) nicht gelöst werden konnten;
- daß Rußland Serbien im Hinblick auf seine eigenen politischen und ideologischen Ziele unterstützte;
- daß Serbiens Forderungen auf ein Großserbien durch die österreichische Annexion Bosniens und der Herzegowina (1908) neue Nahrung erhielten.

Die Schüler erarbeiten

- anhand einer Karte die Bezeichnungen und die geographische Lage der Landesteile Österreich-Ungarns;
- mit Hilfe einer Statistik die ethnische Struktur der Donaumonarchie;
- aus einer Zeittafel die Probleme, die „Realunion" und „Dualismus" mit sich brachten;
- aus einer Quelle die Auswirkung der Annexion Bosniens und der Herzegowina auf den Nationalismus der Serben;
- aus einer Quelle die Begründung der panslawischen Idee.

Die Schüler beurteilen

- die Argumente, die die panslawische Bewegung für ihre Ziele ins Feld führte;
- einige Modelle für das Zusammenleben verschiedener Völker in einem Staat;
- die Auswirkungen der Annexion Bosniens und der Herzegowina durch Österreich auf die österreichisch-russischen Beziehungen.

Verlaufsskizze

Unterrichtsschritt 1:
Die Völker der Donaumonarchie

Die Auswertung der Hausaufgabe (Karte „Europa vor dem Ersten Weltkrieg" 1914; Klett-Atlas, S. 31; Putzger-Atlas, S. 106f.) verdeutlicht den Schülern die verschiedenen Reichsteile, aus denen sich der Habsburgerstaat zusammensetzte: 1. zu den im Reichsrat vertretenen Königreichen und Ländern (nach dem Grenzfluß Leitha auch Zisleithanien genannt) gehörten Österreich, Tirol, Krain, Böhmen, Mähren, Galizien. 2. Zu den Ländern der ungarischen Krone zählten bis zum Jahre 1919 das ungarische Kernland, Siebenbürgen, Kroatien (Transleithanien). 3. Bosnien und die Herzegowina galten als Kondominium der beiden Reichsteile Österreich und Ungarn. Im Süden grenzte sich Österreich-Ungarn ab gegen die Balkanstaaten Rumänien, Serbien und Montenegro.
Die Frage: Welcher Balkanstaat ist heute von der Karte verschwunden? führt zu folgender Feststellung: Das ehemalige Königreich Serbien ist in der 1945 entstandenen Föderation der Volksrepublik Jugoslawien (= Südslawien) aufgegangen. Die sozialistische Bundesrepublik Jugoslawien setzt sich zusammen aus den sechs Republiken Serbien, Kroatien, Slowenien, Bosnien, Herzegowina, Montenegro, Makedonien und zwei autonomen Provinzen – Vojvodina und Kosmet – in Serbien.

Unterrichtsschritt 2:
Probleme des Vielvölkerstaates

Auswertung einer Statistik (Hektographie oder Folie): Nationalitäten In Österreich-Ungarn nach der letzten Volkszählung von 1910 (Handbuch Bd. 5, S. 138)

Deutsche	12 011 081
Magyaren	10 067 917
Tschechen	6 643 059
Slowaken	1 967 520
Polen	4 977 643
Ruthenen	3 999 100
Rumänen	3 224 728
Kroaten	2 888 171
Serben	2 041 899
Slowenen	1 371 256
Italiener	771 054
Mohammedanische Slawen	612 137
Sonstige	367 863

Gesichtspunkte zur Auswertung:
- Welche großen Volksgruppen lassen sich feststellen?
- Welche Probleme können sich aus dem Zusammenleben verschiedener Völker in einem Staatsverband ergeben?
- Durch welche Einrichtungen wurde die Donaumonarchie zusammengehalten?

Die Bevölkerung Österreich-Ungarns bestand aus drei großen Gruppen: Deutsche, Ungarn und Slawen (wobei sich die Südslawen wiederum als eigene Gruppe innerhalb der slawischen Volksgruppe verstanden). Die Herrschaft der Habsburger stützte sich auf die Armee, die katholische Kirche und die Bürokratie (Tafelbild).
Konflikte im Zusammenleben der Völker ergaben sich besonders aus folgenden Problemen: Wie können die Völker ihre nationale und kulturelle Identität bewahren? Welche Sprachen sollen als Amtssprache zugelassen werden? Welche politische Form des Zusammenlebens kann den Erwartungen der verschiedenen Völker gerecht werden?

Das Beispiel der Bundesrepublik Jugoslawien kann zu einer Diskussion der Frage führen, welche Modelle in der Vergangenheit oder in der Gegenwart gefunden wurden, die die Zusammenarbeit verschiedener Völker in einem Staat ermöglichten.

Unterrichtsschritt 3:
Zur Geschichte Österreichs von 1866–1913
(Auswertung einer Zeittafel)

Einige wichtige Daten zum Verständnis der Geschichte Österreichs in der 2. Hälfte des 19. Jhs. enthält eine Zeittafel, mit der sich die Schüler auseinandersetzen sollen:

1866 Deutscher Krieg. Preußen besiegt Österreich. Im Frieden von Prag muß Österreich aus dem Deutschen Bund ausscheiden.

1867 „Realunion“ zwischen Österreich und Ungarn unter der Herrschaft des Kaisers aus dem Hause Habsburg. Die gemeinsamen Angelegenheiten umfassen Außenpolitik, Heeresorganisation, Außenhandelspolitik und einen Teil der Finanzen.

1878 Berliner Kongreß. Österreich-Ungarn nimmt Bosnien und die Herzegowina vorläufig unter seine Verwaltung. Serbien wird selbständig.

1908 Die Revolution der „Jungtürken“ in der Türkei: Österreich befürchtet die Erneuerung der türkischen Ansprüche auf Bosnien und die Herzegowina. Deshalb Eingliederung Bosniens und der Herzegowina in den österreichisch-ungarischen Gesamtstaat. Vergeblicher Protest Rußlands, Deutschland unterstützt seinen Bundesgenossen.

1912–13 Erster Balkankrieg. Auf russische Initiative kommt es zu einem Bündnis Bulgariens, Serbiens, Montenegros und Griechenlands gegen die Türkei, die nach dem Sieg der Verbündeten alles Land nordwestlich der Linie Enos-Midi abtreten muß.

1913 Siegreicher Kampf Serbiens, Griechenlands, Rumäniens gegen Bulgarien um die Verteilung der türkischen Beute. Österreich verhindert durch Kriegsdrohung eine Vergrößerung Serbiens bis zur Adriaküste. Rußland unterstützt seinen Bundesgenossen ohne Erfolg. Aus dem umstrittenen Gebiet entsteht der neue Staat Albanien.

Vorschläge zur Auswertung:
- Welche politischen Folgen ergaben sich für Österreich aus seinem Ausscheiden aus dem Deutschen Bund?
- Wie wirkte sich seine militärische und politische Niederlage von 1866 in seinem Verhältnis zu Ungarn aus?
- Welche Probleme wurden durch die „Realunion" nicht gelöst?
- Wie reagierten die anderen Volksgruppen, vor allem die Slawen auf den „Dualismus" (d.h. die Aufteilung der Staatsgewalt auf die beiden Herrschaftsträger Österreich und Ungarn)?
- Untersucht die Ursachen der österreichisch-russischen Spannungen vor 1914.

Ergebnis des Unterrichtsgesprächs:
Nach dem Ausscheiden Österreichs aus Deutschland richteten sich seine Interessen verstärkt auf Südosteuropa. Das besiegte Österreich, das sein Verhältnis gegenüber Ungarn auf eine neue staatsrechtliche Grundlage stellen wollte, sah sich gezwungen, Ungarn Konzessionen zu machen. Alle 10 Jahre mußten sich Delegationen beider Parlamente auf neue Kompromisse einigen. Der österreichisch-ungarische Dualismus provozierte den Nationalismus der Slawen. Einige ihrer Vertreter forderten eine Ausweitung der Realunion auf den dritten Partner im Staatsverband. Der Dualismus Deutsche – Ungarn sollte durch den „Trialismus" Deutsche – Ungarn – Slawen ersetzt werden.

Erweiterung:
Auch von habsburgischer Seite wurde eine Reform der politischen Verhältnisse in der Donaumonarchie erwogen. Der Thronfolger Franz Ferdinand wollte die Reichsverfassung im Sinne dieses Trialismus ändern. Als weitergehenden Schritt dachte er an eine Zusammenfassung der südslawischen Gebiete unter kroatischer Führung und in der Folge an eine Neugliederung der Monarchie auf der Grundlage autonomer Territorien (Vgl. R. Kiszling, Erzherzog Franz Ferdinand und seine Pläne für den Umbau der Donaumonarchie, in: Der Donauraum 5/1963).

Unterrichtsschritt 4:
Der Nationalismus der Serben

Artikel aus der serbischen Zeitung „Piemont" vom 8. 10. 1913 (abgedruckt in: Handbuch Bd. 5, S. 140). Zum Gedächtnistag der Annexion Bosniens und der Herzegowina.
Textinhalt:
Die Annexion Bosniens und der Herzegowina fügte Serbien einen großen Schmerz zu. Aber Serbien wird Rache nehmen und den unterdrückten serbischen Bruder, der in diesen Gebieten lebt, durch einen Krieg gegen Habsburg befreien.
Vorschläge zur Erschließung des Textes:
- Nennt den Grund für den Schmerz des serbischen Volkes!
- Auf welche Länder erhebt Serbien Anspruch?
- Wie werden diese Forderungen begründet?
- Welches Ereignis hat das Nationalbewußtsein der Serben entscheidend gestärkt?
- In welchem Licht erscheint die Herrschaft der Österreicher?
- Wie sehen sich die Serben selbst?

Erwartete Schülerantworten:
Serbien möchte die Südslawen, von denen 1,8 Mill. in den von Österreich-Ungarn annektierten Gebieten leben, zusammen mit den befreiten türkischen Gebieten im Süden des Landes zu einem Großserbien zusam-

menfassen. Wie im siegreichen Balkankrieg gegen die Türken, hoffen die Serben nun auf einen Sieg gegen Österreich, „die zweite Türkei“, die die Südslawen in ihrem Staatsgebiet in Knechtschaft hält. Die Österreicher werden als Henkersknechte, die Serben als gefolterte Helden dargestellt, die – so will es die etwas unglückliche Metaphorik des Artikelschreibers – durch die Erinnerung an das Jahr 1908 aus dem Schlaf erwachen sollen.

Unterrichtsschritt 5:
Rußlands Interessen auf dem Balkan

Quellenauswertung in Partnerarbeit: Text von Danilewskij (1822–1885, russischer Naturforscher und Publizist, durch sein Buch „Rußland und Europa“ [1869] Exponent des russischen Panslawismus): Über Rußland und Europa (s. unten, Vorschlag für ein Arbeitsblatt).

Erwartete Ergebnisse (Zusammenfassung): Rußland hat als Nachfolgerin des alten Byzanz den göttlichen Auftrag, alle Slawen in einem Reich zusammenzufassen (Panslawismus), um die Entwicklung einer selbständigen slawischen Kultur zu fördern. Die russische Expansion ins Gebiet der Slawen auf dem Balkan ist folglich keine Annexion, sondern Herstellung eines von Gott gewünschten Zustands. Im anschließenden Unterrichtsgespräch kann noch einmal auf einige Daten der Zeittafel eingegangen werden, die die Rolle Rußlands bei den Balkankonflikten berühren. Die Frage nach dem politischen Motiv, das hinter dem ideologischen (panslawischen) Motiv stand, führt zu folgender Einsicht: Rußland unterstützte die Balkanstaaten, vor allem Serbien, in ihren Konflikten mit Habsburg und im Kampf gegen die Türkei, um den Zugang zu den Meerengen (Dardanellen) zu gewinnen.

Vorschlag für ein Arbeitsblatt
(11. Stunde, Unterrichtsschritt 5)

Rußlands Interessen auf dem Balkan

Der russische Naturforscher und Publizist Danilewskij (1822–1889), Verfechter des russischen Panslawismus, schrieb in seinem Buch „Rußland und Europa“ (1869):
Die ganze Drohung Rußlands beruht darin, daß es die Zuflucht und der Rettungsanker ist der geknechteten, ... gewaltigen slawischen Welt ... Der allslawische Bund ist der einzige feste Boden, auf dem eine eigenständige slawische Kultur erwachsen kann ... Das Los Rußlands ist ein glückliches: um seine Macht zu vergrößern, braucht es nicht zu unterwerfen, ... nur zu befreien und wieder aufzurichten ...
Der Hauptstrom der Weltgeschichte beginnt mit zwei Quellen an den Ufern des alten Nils. Eine, die himmlische göttliche, geht über Jerusalem und Zarenstadt (Konstantinopel) und erreicht in ungetrübter Reinheit Kiew und Moskau; die andere, irdische menschliche, ... fließt über Athen, Alexandrien, Rom, in die Länder Europas ... Auf der russischen Erde entsteht ein neuer Quell: eines gesellschaftlich-ökonomischen Aufbaus, der die Volksmassen in gerechter Weise befriedigt. Auf den weiten Flächen des Slawentums sollen sich alle diese Ströme zu einem mächtigen Meere vereinigen.

(Quellenband II, S. 102f.)

Aufgaben:

1. Welche Argumente sprechen nach Danilewskij für die Vereinigung aller Slawen?
2. Welche religiöse Berechtigung hat Rußland für eine panslawische Politik?
3. Wie sieht der Verfasser die Rolle Rußlands gegenüber Europa?

Österreich aber hätte seine südslawischen Provinzen gegen ein von Rußland gewünschtes übermächtiges Serbien nicht halten können, der Bestand der Monarchie wäre gefährdet gewesen. Aus diesen verschiedenen Interessen ergab sich zwangsläufig ein gespanntes Verhältnis zwischen Österreich und Rußland.

Alternative:
Die Geheimanlage zum bulgarisch-serbischen Vertrag vom 29. Februar 1912 zeigt Rußlands wichtige Rolle als eine Art Schutzmacht und Schiedsrichter der Balkanvölker (Geschichte in Quellen 4, S. 735f.; Wulf, Das Zeitalter des Imperialismus, S. 42f.). Von diesem Vertrag ausgehend könnte der Lehrer auf den russischen Panslawismus hinweisen.

Keine Hausaufgabe

12./13. Stunde: Sarajewo und die Folgen – oder Wie ein Krieg entsteht

Zur didaktischen Funktion

Die Behandlung der unmittelbaren Entstehungsgeschichte des Ersten Weltkriegs muß auf dem Hintergrund der imperialistischen Expansionspolitik der Großmächte erfolgen, aber sie sollte auch die diplomatisch-politischen Auseinandersetzungen einbeziehen, denn beide Komponenten bedingen sich gegenseitig. Die Politik der europäischen Großmächte in der Julikrise des Jahres 1914 wird erst von dieser doppelten Voraussetzung her einsichtig.
Es wird ohne weiteres klar, daß das Attentat von Sarajewo die Gefahr eines allgemeinen Krieges in sich barg, da die am Konflikt mit Serbien unmittelbar beteiligten Nationen verschiedenen Bündnissystemen angehörten, obwohl es unverkennbar ist, daß alle Bündnisse ursprünglich defensiven Charakter hatten. So heißt es in der Präambel des Zweibundvertrags (1879), der Deutschland bei einem russischen Angriff zur militärischen Unterstützung Österreichs verpflichtete, daß die Vertragsschließenden dem Abkommen „eine aggressive Tendenz nach keiner Richtung jemals beilegen wollen." (Zitiert nach: K. D. Erdmann, Der Erste Weltkrieg. In: Handbuch der deutschen Geschichte Bd. 18, S. 75). Auch das französisch-russische Bündnis (1892) war anfänglich als Verteidigungsbündnis gedacht, und die Vereinbarungen über eine politische Zusammenarbeit Englands mit Frankreich und Rußland (Ententeverträge 1904–1907) enthielten keine militärischen Beistandszusagen. Die vorliegende Doppelstunde versucht eine Antwort zu geben auf die Frage: Warum erfolgte trotz dieser ursprünglich defensiven Tendenz der verhängnisvolle Schritt vom Stadium latenter Kriegsgefahr zum Ausbruch des großen Krieges?
Nicht zufällig steht an der Spitze der Quellen, die die politisch-diplomatischen Aktionen der Verantwortlichen dokumentieren, ein Bericht über ein Gespräch des deutschen Botschafters in Wien mit dem österreichischen Außenminister (Quelle 1), denn die internationale Lage hatte sich vor allem durch die labilen Verhältnisse in der Donaumonarchie, die nach dem Verlust ihres Einflusses in Deutschland ihre Stellung auf dem Balkan mit den Methoden imperialistischer Politik zu festigen versuchte, ganz entscheidend verschlechtert. Der Bestand Österreichs war durch das von Rußland unterstützte Serbien und durch die nationalistischen Umtriebe der Südslawen akut gefährdet. Auf der Marokko-Konferenz von Algeciras war sich Deutschland der Tatsache bewußt geworden, daß es in Europa außenpolitisch isoliert war. Um so entschlossener wollte das Deutsche Reich an seinem einzigen Bundesgenossen, Österreich, festhalten, zumal da die politische Führung in Deutschland, das zeigt uns Riezlers Bericht über ein

Gespräch mit dem Reichskanzler, von einer wachsenden militärischen Macht Rußlands und einer zunehmenden Verschlechterung der Gesamtsituation Deutschlands ausging (Quelle 3). Auf diesem Hintergrund ist der fatale „Blankoscheck" zu sehen (Quelle 2), der im ebenso bedingungslosen Hilfsversprechen Poincarés für Rußland (über das Poincaré in seinen Memoiren berichtet), sein Gegenstück fand. Da Bethmann Hollweg eine Zuspitzung der Situation zum Nachteil des Deutschen Reiches und seines Verbündeten im Juli 1914 befürchtete, war er entschlossen, unter angeblich noch günstigen Bedingungen für Deutschland, das Risiko eines Krieges einzugehen. Er empfahl zwar dem österreichischen Bundesgenossen, die englische Vermittlung anzunehmen (Quelle 5), aber es ging ihm wahrscheinlich doch in erster Linie darum, Rußland als Aggressor erscheinen zu lassen, um die deutsche Sozialdemokratie für die Verteidigung des bedrohten Vaterlandes zu gewinnen (vgl. E. Zechlin, Bethmann Hollweg, Kriegsrisiko und SPD 1914. In: Der Monat 18/1966). „Die beiden Mittelmächte wollten den allgemeinen Krieg nicht, aber sie nahmen ihn bewußt in Kauf" (K. D. Erdmann, a. a. O., S. 80). Quelle 4 (Lichnowsky über ein Gespräch mit Grey) steht stellvertretend für die englischen Friedensbemühungen, die im einzelnen weitergehend und intensiver waren, als es in unserem Entwurf berücksichtigt werden kann. Didaktisch sinnvoller als der Versuch, die politischen und diplomatischen Züge und Gegenzüge vor Ausbruch des Krieges noch ausführlicher zu erfassen, ist die Frage nach den möglichen Folgen der diplomatischen Aktionen und Reaktionen. Die Schüler werden aufgefordert, sich Gedanken zu machen über den kriegshemmenden oder kriegsfördernden Charakter der europäischen Politik kurz vor Kriegsausbruch. Die Grundlage für diese zentrale Überlegung wird durch eine Zeittafel verbreitert, die den Schritt von der politischen zur militärischen Phase dokumentiert. Einige Informationen der Zeittafel sind, und das ist beabsichtigt, ohne weiterführende Fragen der Schüler nach Hintergründen und Zusammenhängen nicht zu verstehen (Einmarsch in Belgien; Toul und Verdun als deutsches Pfand). Die Konzeption des Schlieffenplanes, der nur ein Feldzugsplan ohne jede Alternative, aber kein Kriegsplan war, und der das Problem England vollständig ausklammerte, erklärt den Zusammenhang zwischen militärischen Maßnahmen und ihren verhängnisvollen politischen Folgen für Deutschland und zeigt die Bedeutung der sogenannten Mobilmachungsautomatik für den Ausbruch des Krieges auf (vgl. J. L. Wallach, Das Dogma der Vernichtungsschlacht, München 1970, S. 291f).

Am Schluß der Doppelstunde steht die Diskussion der Kriegsschuldfrage. Diese Unterrichtsphase kann auch so strukturiert werden, daß das nach der Überzeugung F. Fischers entscheidende Dokument, nämlich der „Kriegsrat" vom 8. 12. 1912, vorangestellt und eingehend analysiert wird.

Die Frage nach den Möglichkeiten einer Verhinderung des Krieges geht von einer Überlegung aus, die schon die Formulierung des Stundenthemas andeutet: Bei der Entstehung des Ersten Weltkriegs kann paradigmatisch deutlich werden, welche politischen und diplomatischen Entscheidungen der internationalen Politik am Ausbruch eines modernen Krieges beteiligt sein können. Die Doppelstunde – vermutlich wird die erste Stunde die Unterrichtsschritte 1–3 und die zweite die Unterrichtsschritte 4–7 umfassen –, die vom unmittelbaren Anlaß des Krieges ausging, wendet sich in der letzten Phase den tieferliegenden Ursachen des Krieges zu, die dann in einem Tafelbild festgehalten werden.

Ziele der Stunden

Die Schüler erkennen,
- daß das Attentat von Sarajewo wegen der Zugehörigkeit der beteiligten Mächte zu verschiedenen Bündnissen eine latente Kriegsgefahr in sich barg;
- daß Deutschland Österreich gegen Serbien/Rußland vorbehaltlos unterstützte, weil es seine Machtstellung durch den Verlust seines einzigen Bundesgenossen bedroht sah;
- daß die Furcht vor einer Bedrohung durch die wachsende Macht Rußlands den Entschluß der Mittelmächte bestimmte, den allgemeinen Krieg zu wagen;
- daß die Durchführung des Schlieffenplans den Kriegseintritt Englands herausforderte;
- daß die Deutschen, die den großen Krieg einkalkulierten, und die Russen, die ihn durch ihre militärischen Maßnahmen unvermeidlich machten, eine größere Schuld am Ausbruch des Ersten Weltkriegs hatten als die übrigen kriegführenden Staaten.

Die Schüler erarbeiten
- eine Zusammenstellung der wichtigsten Kriegsursachen;
- anhand eines Rasters die kriegsfördernden bzw. kriegshemmenden Elemente der internationalen Politik im Juli 1914.

Die Schüler beurteilen
- inwiefern die Reaktion Österreichs auf die serbische Herausforderung die internationale Krisensituation verschärfte;
- die politischen Hintergründe der deutschen Risikobereitschaft;
- das Verhalten Frankreichs gegenüber seinem Bundesgenossen Rußland;
- die Gründe für das Scheitern der englischen Vermittlungsversuche.

Verlaufsskizze

Unterrichtsschritt 1: Das Attentat von Sarajewo

Geschichtserzählung:
Am 28. Juni 1914 erwartet die bosnische Landeshauptstadt Sarajewo den Staatsbesuch des österreichischen Thronfolgers Franz Ferdinand und seiner Frau, einer tschechischen Gräfin. Mit Fahnen und Girlanden ist die Stadt geschmückt, das Thronfolgerpaar, das im offenen Wagen durch die Straßen fährt, wird von der wartenden Menge freundlich begrüßt. Plötzlich kracht eine Bombe gegen den Wagen des Thronfolgers, prallt ab, rollt zurück und explodiert unter dem folgenden Auto. Zwei Offiziere sind verletzt. Der Bombenwerfer, ein junger Serbe mit österreichischer Staatsangehörigkeit, wird schnell entdeckt und sofort verhaftet. Inzwischen haben der Erzherzog und seine Frau den offiziellen Empfang auf dem Rathaus bereits hinter sich und befinden sich auf der Rückfahrt. Das erste Auto in der Wagenkolonne verfährt sich, alle Wagen wenden. An dieser Stelle steht zufällig ein gewisser Princip, ein Freund des erfolglosen Bombenwerfers und ebenfalls Mitglied der geheimen Organisation „Schwarze Hand“. Seine Chance ist gekommen: Das Auto des Erzherzogs hält dicht vor ihm. Schnell reißt er seine Pistole hoch, man hört zwei Schüsse, die Herzogin sackt zusammen, aus der zerschossenen Schlagader Franz Ferdinands rinnt das Blut des Sterbenden über seine grüne Generalsuniform.
Die Nachricht von der Ermordung des Thronfolgerpaars verbreitet sich mit Windeseile in den Hauptstädten Europas. Die Extrablätter mit der sensationellen Nachricht werden den Zeitungsverkäufern aus den Händen gerissen, Erregung und Bestürzung erfassen die Menschen. Die ausländischen Kriegsschiffe, die zu einem Flottenbesuch in Kiel eingetroffen waren, fahren rasch in ihre Heimathäfen zurück. Befriedigt telegraphieren Mitglieder der Terroristenorganisation „Schwarze Hand“ nach Belgrad: „Beide Pferde gut verkauft.“
(Nach: Hoffmann, Der Imperialismus und der Erste Weltkrieg, S. 47f.).

Gesprächsimpulse:
- Welche Kreise standen hinter dem Attentat?
- Welche Ziele wollten die Terroristen mit der Ermordung des österreichischen Thronfolgers erreichen?

- Welche Macht unterstützte die politischen Pläne Serbiens? Warum?
- Warum mußte sich Österreich durch den serbischen Nationalismus bedroht fühlen?
- Wie ist die heftige Reaktion in der internationalen Öffentlichkeit auf das Attentat zu erklären?
- Welchen verschiedenen Bündnissystemen gehörten die direkt und indirekt beteiligten Staaten an?

Der Hintergrund des Verbrechens wird durch folgende Informationen deutlicher:

Die bosnischen Nationalisten, die sich in der Untergrundorganisation „Schwarze Hand" zusammengeschlossen hatten, wurden von einem Oberst im serbischen Generalstab namens Dimitrjewitsch geleitet. Der russische Militärattaché unterstützte die Attentäter mit Geld. Die indirekte Mitverantwortung Serbiens am Mord von Sarajewo ist nicht zu bezweifeln.

Das Unterrichtsgespräch wird sich schließlich konzentrieren auf die Frage nach den möglichen internationalen politischen Auswirkungen des Attentats. Die Schüler erinnern sich daran, daß die unmittelbar und mittelbar beteiligten Mächte Österreich und Serbiens Schutzmacht Rußland verschiedenen Bündnissystemen angehörten, der erweiterten Entente stand der Dreibund gegenüber.

Unterrichtsschritt 2:
Die Reaktionen der Verantwortlichen in Deutschland, Österreich, England

Die folgenden 5 Texte können in einem arbeitsteiligen Verfahren ausgewertet werden (s. Arbeitsblatt 11).

Kurze Vorstellung der Textinhalte:

1. Der deutsche Botschafter in Wien, Tschirschky, berichtet am 30. 6. 1914 an den Reichskanzler Bethmann Hollweg. Der Kaiser hat den Bericht mit Randbemerkungen versehen.
   Tschirschky informiert über den Inhalt eines Gesprächs mit dem österreichischen Außenminister, Graf Berchtold, der auf die serbische Mitverantwortung beim Attentat in Sarajewo hinwies. Außerdem gibt er seinen Eindruck von der öffentlichen Meinung in Österreich wieder: Die Leute drängen auf eine gründliche Abrechnung mit den Serben. Tschirschky aber warne bei jedem Anlaß vor einer übereilten Reaktion, weil er die internationalen Rückwirkungen bei einer scharfen Reaktion Habsburgs gegen Serbien fürchte.
   Die Bemerkungen des Kaisers zeigen diesen als aggressiven Politiker, der volles Verständnis dafür hat, daß Österreich die Gelegenheit benützen will, um Serbien zur Rechenschaft zu ziehen, und der den Gedanken an mögliche internationale Verwicklungen als Binsenwahrheiten abtut.
2. Bethmann Hollweg an Tschirschky am 6. 7. 1914.
   Der Reichskanzler teilt dem deutschen Botschafter mit, daß der Kaiser zum Konflikt zwischen Österreich-Ungarn und Serbien keine Stellung nehmen wolle. Doch garantiert er dem österreichischen Kaiser Franz Joseph, daß Deutschland seine Bündnispflichten gegenüber Österreich treu erfüllen wolle.
3. Gespräch Kurt Riezlers (eines engen Mitarbeiters des Reichskanzlers) mit Bethmann Hollweg am 6. 7. 1914.
   Der Reichskanzler überlegt sich, wie sich Deutschland gegenüber Österreich nach Sarajewo verhalten soll. Zurückhaltung gegenüber dem Bundesgenossen kann Österreich zur Annäherung an die Westmächte veranlassen. Andererseits kann ein Krieg gegen Serbien angesichts der serbisch-russischen Zusammenarbeit den Weltkrieg auslösen. Rußlands Macht wird in Zukunft immer stärker werden und Deutschland immer mehr bedrohen.
4. Der deutsche Botschafter in London,

Lichnowsky, an das Auswärtige Amt in Berlin am 25. 7. 1914.
Der Botschafter berichtet von einem Gespräch mit dem englischen Außenminister, Sir Edward Grey (1905–1916). Grey fordere Deutschland auf, sich an einer Vermittlung im österreichisch-serbischen Konflikt zu beteiligen, denn dieser Konflikt könne den Weltkrieg auslösen. Nach der Überzeugung Lichnowskys wird sich England freundschaftlich verhalten, wenn Deutschland seine Friedensliebe durch eine Vermittlungsaktion glaubhaft macht. Eine schroffe Zurückweisung der englischen Initiative wird aber nach seiner Meinung dazu führen, daß England seine Bündnisverpflichtungen wahrnimmt.

5. Bethmann Hollweg an Tschirschky am 30. 7. 1914.
Wenn Wien die englische Vermittlung ablehnt, kann Rußland nicht mehr als Hauptverantwortlicher an einem europäischen Krieg hingestellt werden. Der deutsche Kaiser hat in Wien interveniert, weil die deutsche Politik nicht als kriegstreiberisch erscheinen soll. Die Vermittlung ist aber durch die russische Mobilmachung erschwert. Grey soll in Paris und Petersburg vermitteln. Bethmann Hollweg empfiehlt Österreich, den englischen Vorschlag anzunehmen, damit es seine Friedensliebe dokumentiert. Bei Ablehnung besteht die Gefahr, daß Rußland als Friedensmacht erscheint.

Unterrichtsschritt 3:
Die Rolle Deutschlands in der Krise
(Zusammenfassung der Ergebnisse)

Im anschließenden Unterrichtsgespräch werden die wichtigsten Ergebnisse der Textauswertung zusammengefaßt: Der Meinung Wilhelms II., daß jetzt der richtige Zeitpunkt für eine energische Bestrafung Serbiens für seine Verwicklung in das Mordkomplott gegen den habsburgischen Thronfolger gekommen sei, steht die Warnung des deutschen Botschafters in Wien gegenüber, der die verhängnisvollen Rückwirkungen eines österreichisch-serbischen Krieges auf die Politik der Großmächte fürchtet. Mit seiner Bündniserklärung geht der Kaiser noch einen folgenreichen Schritt weiter: Ohne Bedingungen zu stellen, garantiert er Österreich die Unterstützung durch Deutschland in der Auseinandersetzung mit Serbien; dadurch gibt er dem Bundesgenossen freie Hand für kriegerische Aktionen. Nachdem sich Deutschland durch seine ungeschickte Politik aus dem Bündnissystem der europäischen Großmächte selbst „ausgekreist" hatte, blieb – abgesehen vom unsicheren italienischen Partner – nur noch Österreich-Ungarn als Bundesgenosse übrig. Da Deutschland diesen einzigen Bundespartner unter keinen Umständen an die Westmächte verlieren wollte und weil es die Bedrohung Österreichs und Deutschlands durch Rußland als große Gefahr ansah, glaubten die verantwortlichen deutschen Politiker, den Preis für den Frieden zum gegenwärtigen Zeitpunkt nicht bezahlen zu können. Es scheint, als ob die Unterstützung der englischen Vermittlungsbemühungen von deutscher Seite vor allem auch aus taktischen Gründen erfolgt sei, Rußland sollte zum Kriegstreiber gestempelt werden. Man wollte die russische Bedrohung ausschalten und den Bestand der Habsburger Monarchie sichern. Dafür nahm man auch einen Krieg in Kauf, von dem man hoffte, er könne sich trotz der Konfrontation der Bündnissysteme auf dem Balkan lokalisieren lassen.

Unterrichtsschritt 4:
Die Julikrise führt zum Kriegsausbruch

Damit die Schüler die diplomatischen, politischen und militärischen Aktionen, die schließlich zum Weltkrieg führten, in einen größeren Zusammenhang einordnen können, wird ihnen eine Zeittafel vorgelegt, die Aktion und Reaktion der beteiligten Mächte dokumentiert.

28. Juni Ermordung Franz Ferdinands in Sarajewo.
6. Juli Österreich erwägt einen militärischen Gegenschlag gegen Serbien, Wilhelm II. gibt seinem Bundesgenossen „Blankovollmacht".
23. Juli Übergabe des österreichischen Ultimatums an Serbien (Forderung nach Bekämpfung der österreichfeindlichen Umtriebe und nach Bestrafung der Schuldigen unter österreichischer Mitwirkung).
20.–23. Juli Besuch des Präsidenten der französischen Republik, Poincaré, in Petersburg. Er erklärt, daß Frankreich „alle Verpflichtungen des Bündnisses erfüllen" werde (russisch-französische Militärkonvention).
24. Juli Englische Vermittlungsversuche scheitern an der ablehnenden deutschen Haltung.
25. Juli Rußland sagt Serbien Hilfe zu. Serbien akzeptiert weitgehend die österreichischen Forderungen (Vorbehalt: Mitwirkung Österreichs an der Bestrafung der Schuldigen abgelehnt).
Teilmobilmachung in Serbien beantwortet durch Teilmobilmachung Österreichs.
28. Juli Österreich erklärt Serbien den Krieg.
29. Juli Österreichische Truppen beschießen Belgrad.
30. Juli Russische Generalmobilmachung. Der deutsche Reichskanzler empfiehlt Österreich vergeblich, einen englischen Vermittlungsvorschlag anzunehmen.
31. Juli Österreichische Generalmobilmachung. Deutsches Ultimatum an Rußland (Forderung: Einstellung der Mobilmachung). Keine Antwort.
Deutsches Ultimatum an Frankreich (Forderung: Neutralitätserklärung; Toul und Verdun sollen als Pfand herausgegeben werden). Ausweichende Antwort.
1. August Deutsche Mobilmachung. Deutschland erklärt Rußland den Krieg.
3. August Deutsche Kriegserklärung an Frankreich.
Einmarsch deutscher Truppen in Belgien. Verletzung der belgischen Neutralität. Neutralitätserklärung Italiens.
4. August Kriegseintritt Englands.

Fragen und Aufgaben:
- Welche Bedeutung hatte die Erklärung Poincarés für die internationalen Beziehungen?
- Warum konnte Serbien die Forderung nach Bestrafung unter österreichischer Mitwirkung nicht annehmen?
- Welche Konsequenz hatte das russische Hilfsversprechen für Serbien?
- Warum stellte das Deutsche Reich an Rußland und an Frankreich ein Ultimatum?
- Warum konnte sich Italien zur neutralen Macht erklären?
- Welche Rolle spielten die Mobilmachungen für den Ausbruch des Krieges?

Den Schülern wird deutlich, daß die Erklärung Poincarés ebenfalls eine Art Blankovollmacht war, die Rußland Rückendeckung gab für seine offensive Politik auf dem Balkan. In diesem Zusammenhang ist das russische Hilfsversprechen für Serbien zu sehen, das mittelbar die serbische Teilmobilmachung bewirkte. Andererseits war die Reaktion Serbiens auf das österreichische Ultimatum recht konziliant; die direkte Mitwirkung Österreichs an der Bestrafung der Schuldigen war für ein souveränes Land nicht zumutbar. Allerdings setzte dann die serbische Mobilmachung eine Kettenreaktion in Gang; es folgten die österreichische, die russische und die deutsche Mobilmachung.
Die Einsichten, die in den Unterrichtsschritten 2–4 erarbeitet wurden, können nun mit Hilfe eines vorgegebenen Rasters systematisiert werden. Die Fragestellung nach den

kriegsfördernden und den kriegshemmenden Aktionen im Juli 1914 rückt dabei in den Mittelpunkt des Interesses (Tafelbild).

Unterrichtsschritt 5:
Der Schlieffenplan und seine politischen Folgen

Bei der Auswertung der Zeittafel konnten bisher einige Fragen noch nicht geklärt werden. Warum wurde an Frankreich die unrealistische Forderung nach Herausgabe von Toul und Verdun gestellt? Warum drangen die deutschen Truppen ins neutrale Belgien ein? Die Antworten auf diese naheliegenden Fragen der Schüler können erst gegeben werden, nachdem der Lehrer die Klasse über die Konzeption des Schlieffenplans informiert hat. Mit Hilfe von Karten wird der Feldzugsplan verdeutlicht (Klett-Atlas zur Weltgeschichte, S. 31; Putzger Historischer Weltatlas, S. 118; Wandkarten: Europa von 1871–1914, Westermann; Europa vor dem Ersten Weltkrieg [1914], Putzger-Geschichtswandkarte u. a.).

Nach einem Plan des Generals Schlieffen vom Jahre 1905 sollte der erwartete Zweifrontenkrieg gleichsam in zwei Einfrontenkriege aufgelöst werden. Zuerst sollte der Gegner im Westen, dann im Osten niedergeworfen werden. Schlieffen beabsichtigte, den verstärkten rechten Flügel der deutschen Armee durch Belgien – dessen Neutralität allerdings seit 1839 von England garantiert war – nach Frankreich vorstoßen zu lassen; der linke Flügel sollte in Lothringen stehenbleiben. Man wollte auf diese Weise die starken französischen Befestigungen umgehen, die französische Armee von der Flanke her angreifen und vernichten. Während dieser Operationen hätte sich die deutsche Armeeführung im Osten mit hinhaltendem Widerstand begnügt. Nach dem Sieg über Frankreich sollten die deutschen Truppen im Osten eingesetzt werden.

Gesprächsimpulse:
- Mit welchen außenpolitischen Folgen ist bei diesem Plan zu rechnen?
- Unter welchen Voraussetzungen kann der Plan nur gelingen?
- Warum bringt er die Politiker in Zugzwang?

Mögliche Antworten:
Regierung und Öffentlichkeit in England sind nach dem Einfall der Deutschen in ein neutrales Land nun einmütig von der Notwendigkeit eines Krieges gegen das Deutsche Reich überzeugt, das so offensichtlich die Regeln des Völkerrechts mißachtete. Insofern hatte die Durchführung des Schlieffenplans verhängnisvolle Auswirkungen, denn er setzte die Deutschen international ins Unrecht. Der Plan konnte außerdem nur dann Erfolg haben, wenn die deutschen Truppen so schnell wie möglich in Belgien einmarschierten, ehe starke russische Armeen an den Grenzen zusammengezogen waren. Dem deutschen Generalstab mußte also daran gelegen sein, daß durch rasche Kriegserklärungen der Mittelmächte an die Feinde die Voraussetzungen für eine überraschende militärische Aktion im Westen geschaffen wurden. Durch unerfüllbare Forderungen (Frankreich wurde aufgefordert, Toul und Verdun als Faustpfand an Deutschland abzutreten) sollten Verzögerungen bei der Verwirklichung des Schlieffenplans verhindert werden.

Unterrichtsschritt 6:
Die Kriegsschuldfrage

Die Diskussion dieser Frage kann sich an einem Dokument entzünden, das den Standpunkt der späteren Siegermächte formuliert: Note an die deutsche Regierung vom 16. Juni 1919 (Vertrags-Ploetz, S. 286f.; Fragen an die Geschichte 3, S. 272).
Textinhalt:
Die Deutschen haben seit vielen Jahren die Vorherrschaft in Europa angestrebt, und zwar mit gewaltsamen Mitteln. Sie veranlaßten nach Abschluß ihrer Kriegsvorbereitungen Österreich zur Kriegserklärung an Serbien, obwohl sie wußten, daß dann die euro-

päischen Großmächte in einen allgemeinen Krieg verwickelt würden. Sie haben alle Vermittlungsversuche abgelehnt. Die Deutschen haben den großen Krieg begonnen; sie waren als einzige Nation für diesen Krieg vollständig gerüstet.

Die Frage, ob diese Vorwürfe berechtigt sind, könnte so beantwortet werden: Deutschland hat zwar das Risiko eines allgemeinen Krieges einkalkuliert, aber diesen Krieg nicht unter allen Umständen herbeiführen wollen („bedingter Vorsatz"). Es vertrat keine Hegemonialpläne in Europa. Sein Ziel war die Behauptung seiner Großmachtstellung durch Verteidigung seines Bundesgenossen, dessen Vielvölkerstaat durch den Nationalismus der Balkanstaaten gefährdet war.

Mögliche Erweiterung:
In einer besonders interessierten Klasse könnte auf den Ansatz der Kontroverse um Fritz Fischers Thesen eingegangen werden. Das entscheidende Dokument, das Fischer seiner Argumentation zugrunde legt, ist der sogenannte „Kriegsrat" vom 8. Dezember 1912 (abgedruckt in: Ripper, Deutschland und der Erste Weltkrieg, S. 9). Der Weltkrieg, so Fischer, sei von der deutschen Regierung und dem deutschen Generalstab planmäßig herbeigeführt worden. Durch die politische und wirtschaftliche Vorherrschaft der Deutschen in Europa sollte die Grundlage geschaffen werden für die Stellung Deutschlands als Weltmacht.

Die Erörterung der Kriegsschuldfrage leitet über zu folgender Überlegung:
Welches „Krisenmanagement" hätte den Ausbruch des großen Krieges verhindern können?

Mögliche Antwort:
Rußland hätte mäßigend auf Serbien, Deutschland rechtzeitig auf Österreich einwirken müssen. Deutschland hätte seine Beistandgarantie vom Eingehen Österreichs auf einen Vermittlungsvorschlag abhängig machen sollen. Frankreich hätte seine Unterstützungsgarantie an die Bedingung knüpfen müssen, daß Rußland nicht vor den Mittelmächten mobilmacht. Englands Fehler war es, daß es seine Haltung im Fall eines europäischen Krieges nicht rechtzeitig offenlegte. Alle Staaten aber waren zu sehr auf ihre politischen Pläne und ihr Prestige fixiert und verkannten, daß in Krisenzeiten nur Verhandlungen den Frieden retten können.

Unterrichtsschritt 7:
Die Ursachen des Ersten Weltkriegs (Zusammenfassung)

Am Schluß der Doppelstunde werden die Ursachen, die zum Ausbruch des großen Krieges führten, zusammengestellt und in einem Tafelbild festgehalten. Gleichzeitig wird deutlich (vgl. 1. Stunde), was die imperialistische Politik der europäischen Großmächte mit dem Ersten Weltkrieg zu tun hat: Diese Politik führte zur Verschlechterung der internationalen Beziehungen, zu Reibungen und Krisen, schließlich zu konkurrierenden Bündnissystemen und zu einem allgemeinen Wettrüsten.

Erweiterungen:
1. Ein Schülerreferat über die angeblich zwingenden Gründe für die Annexion Bosniens und der Herzegowina aus der Sicht eines österreichischen Politikers (mögliche Gesichtspunkte: 1. die jungtürkische Revolution bedroht das Österreich auf dem Berliner Kongreß von 1878 garantierte Besatzungsrecht, 2. durch militärstrategische Absicherung muß großserbischen Expansionsgelüsten entgegengetreten werden, 3. selbst auf die Gefahr eines drohenden Krieges zwischen Rußland und Österreich ist es notwendig, durch eine entschiedene Politik den Einfluß Rußlands auf dem Balkan rechtzeitig zurückzudrängen, 4. die Donaumonarchie braucht die bosnischen Bodenschätze – Eisen, Kupfer, Antimon, Chrom, Silber, Blei – leitet über zur Analyse einer Folie, die den Zusammenhang zwischen imperialistischer Politik und Kriegsgefahr veranschaulicht (s. Vorschlag für eine Folie, S. 90).

Besprechungsvorschläge:
- Inwiefern veränderte sich das Klima zwischen den imperialistischen Staaten in dieser Zeit?
- Welche Rolle spielte der Krieg bei den internationalen Konflikten?

Vorschlag für eine Folie
(13. Stunde, Unterrichtsschritt 7, Erweiterung)

Imperialismus und Krieg

Internationale Krisen von 1898 – 1914

Zeit	beteiligte Mächte	Ursache		Lösung
1898	Frankreich: England	Interessenkonflikt in Afrika <u>Faschoda-Krise</u>		Verständigung über Marokko (frz.) und Ägypten (engl.)
1905/6	Deutschland: Frankreich	Konflikt um den Besitz Marokkos <u>1. Marokko-Krise</u>		1906 Konferenz von Algeciras: Frankreich konzediert internationale Institutionen f. Marokko
1908/9	Österreich – Ungarn: Rußland	Österreich annektiert Bosnien und die Herzegowina <u>Bosnische Krise</u>		Deutschland vermittelt: Formelle Zustimmung Rußlands zur Annexion
1911	Deutschland: Frankreich	Deutschland will Kompensation für ein franz. Marokko <u>2. Marokko-Krise</u>		1911 Marokko-Kongo-Vertrag: Frz. Protektorat über Marokko, dafür Vergrößerung von Kamerun
1912-1913	Bulgarien, Serbien, Montenegro, Griechenland: Türkei	Eroberung von Mazedonien, Thrazien, Albanien <u>1. Balkankrieg</u>		Friedenskonferenz in London: Türkei tritt alles Gebiet nordwestlich der Linie Enos-Midia ab
1913	Serbien, Griechenland, Rumänien: Bulgarien	Streit um die Verteilung der Beute <u>2. Balkankrieg</u>		Frieden von Bukarest: Deutschland hält Österreich; England hält Rußland von einem krieger. Eingreifen ab
1914	Österreich (verbündet mit Deutschl.): Serbien (unterstützt von Rußland = verbündet mit Frankreich, England)	Anlaß: Mord in Sarajewo, Folge: <u>Ausbruch des Ersten Weltkriegs</u>		alle Versuche zur Beilegung der Krise scheitern

2. Der Film „Der Erste Weltkrieg. Der Weg in den Krieg“ (sw, 12 Min. FWU 32 03358) basiert auf internationalem Dokumentenmaterial und zeitgenössischen Aussagen. Er gibt vor allem die Stimmung in den Hauptstädten der europäischen Großmächte im Sommer 1914 nach dem Mord von Sarajewo wieder.
Gesprächsimpulse:
- Charakterisiere die Stimmung in den Hauptstädten Europas im Sommer 1914!
- Welche Vorstellung vom Krieg hatten die Militärs und viele Politiker?
- Welche Parteien und Gruppierungen wandten sich gegen den Krieg?
- Ist die Haltung Serbiens in der Julikrise richtig dargestellt?

Alternative:
Falls nur eine Stunde für die Behandlung des Themas zur Verfügung steht, empfiehlt sich die Beschränkung auf eine erweiterte Zeittafel (ausführlicher: „Blankovollmacht“ und Schlieffenplan). Daran könnte sich die eingehendere Erörterung der Kriegsschuldfrage und der Möglichkeiten zur Verhinderung dieses Krieges anschließen.

Mögliche Hausaufgabe:

Informiere dich in deinem Lehrbuch über die Kriegsziele der kriegführenden Nationen (kurze schriftliche Zusammenfassung) (S. 14. Stunde, Unterrichtsschritt 2).

14. Stunde: Der Verlauf des Krieges von 1914–1917

Zur didaktischen Funktion

Der vorliegende Entwurf beschränkt sich auf drei Unterrichtsschritte (mit einigen Variationsmöglichkeiten), die mit leicht erreichbaren Unterrichtsmaterialien und -mitteln verwirklicht werden können. Diese Beschränkung ist notwendig, weil der im Mittelpunkt stehende Dia-Vortrag mit Erläuterungen erfahrungsgemäß einige Zeit beansprucht. Die Rede des Kaisers vom 6. 8. 1914, mit der die Stunde beginnt, verrät, daß die Reichsleitung durch die offizielle These vom aufgezwungenen Krieg die Verteidigungsbereitschaft des Volkes anspornen wollte. Ausgehend von den Informationen der vorhergehenden Stunden können die Schüler den Wahrheitsgehalt der Behauptung von der deutschen Notwehrsituation überprüfen. Auch die deutsche Kriegszielprogrammatik, die z. T. auf den Forderungen und Ansprüchen bestimmter einflußreicher gesellschaftlicher Gruppen in Deutschland beruhte, will mit dieser These, die der Kaiser vertrat, nicht so recht übereinstimmen. Im September 1914 hatte Bethmann Hollweg noch verkündet, das Ziel des Krieges sei die „Sicherung des Deutschen Reiches nach West und Ost auf erdenkliche Zeit“, aber mit dem Amtsantritt der 3. Obersten Heeresleitung, die eine „diktaturähnliche“ Herrschaft ausübte, wurden neue Zielvorstellungen formuliert: „Ein Friede, der nur den territorialen Status quo gewährleistet, würde bedeuten, daß wir den Krieg verloren hätten.“ (Zitiert nach A. Hillgruber, Deutschlands Rolle in der Vorgeschichte der beiden Weltkriege a.a.O., S. 60.) Der Hauptakzent des Entwurfs liegt auf der Darstellung der militärischen Ereignisse auf dem Kriegsschauplatz in den Jahren 1914–1917. Es sollte deutlich werden, daß der Krieg, der ursprünglich ein politischer Sicherheitskrieg war, und den die Verantwortlichen im Stil der Kriege des 19. Jahrhunderts glaubten führen zu können (begrenzte Ziele, militärisch-politische Pressionen), zu einem hochtechnisierten, totalen Weltkrieg wurde, in dem die Staaten um ihre Existenz kämpften. Alle europäischen Mächte, die am Weltkrieg beteiligt waren, wollten jetzt nicht mehr den Status quo sichern, sondern sie strebten eine endgültige Sicherung ihres Landes an durch Veränderung des Status quo. Die räumliche Ausdehnung des Krieges (Balkan, Sibirien, Italien, Türkei, Afrika) und die Zahl der Kämpfenden (49 Mill. Soldaten bei den Alliierten, 25 Mill. bei den Mittelmächten) lassen die Bezeichnung Weltkrieg für diesen Krieg als gerechtfertigt erscheinen, aber genaugenommen wird der Krieg erst im Jahre 1917 zum „Weltkrieg", weil „die Weltentscheidungen in Europa fielen, indem hier eine außereuropäische Macht (USA) eingriff" (Th. Schieder, Der I. Weltkrieg, Grundzüge des Verlaufs. In: Handbuch der europäischen Geschichte Bd. 6, S. 159).

Ziele der Stunde

Die Schüler erkennen,
- daß die offizielle These von der Notwehrsituation Deutschlands taktischer Natur war;
- daß die Kriegsziele der kriegführenden Nationen die imperialistische Politik der europäischen Mächte spiegelten;
- daß die Kriegsziele nur durch einen „Siegfrieden" hätten erreicht werden können;
- daß der Übergang vom Bewegungskrieg zum Stellungskrieg den Ablauf des Krieges bestimmte;
- daß der Erste Weltkrieg ein hochtechnisierter Krieg war.

Die Schüler erarbeiten
- den Unterschied zwischen Siegfrieden und Verständigungsfrieden.

Die Schüler beurteilen,
- ob die offizielle These von der Notwehrsituation Deutschlands begründet war;
- die Problematik der Kriegszielprogramme der Mittelmächte und der Entente.

Verlaufsskizze

Unterrichtsschritt 1:
Der Aufruf des Kaisers an das deutsche Volk vom 6. 8. 1914

Die Stunde beginnt mit einer Schallplatte: Kaiser Wilhelm II. – Aufruf an das deutsche Volk vom 6. 8. 1914 (Schallplatten zur Zeitgeschichte. Deutschland im Ersten Weltkrieg und zur Zeit der Weimarer Republik. Originalaufnahmen aus den Jahren 1914–1932. Diesterweg MD-Nr. 8131; der Text der Rede ist außerdem abgedruckt in: E. Johann, Reden des Kaisers, S. 126).
Zusammenfassung:
Seit der Reichsgründung war die Hohenzollerndynastie immer friedliebend. Jetzt aber rüsten sich die Feinde gegen uns, weil sie den Deutschen den Erfolg ihrer Arbeit nicht gönnen und weil sie nicht dulden wollen, daß Deutschland in der Gefahr treu zu seinem Bundesgenossen steht. Um seiner Ehre willen muß Deutschland zu den Waffen greifen und die Existenz des Reiches verteidigen, das durch den Angriff der Feinde bedroht ist.
Das anschließende Unterrichtsgespräch könnte durch folgende Gesprächsimpulse strukturiert werden:
- Welche Motive haben nach Meinung des Kaisers die Feinde?
- Warum muß Deutschland Krieg führen?
- Beurteile die Argumente des Kaisers.
- Hat Deutschland aus Notwehr zu den Waffen gegriffen?

Möglicher Exkurs:
In diesem Zusammenhang kann eine genauere Beschäftigung mit der Person Wilhelms II. aufschlußreich sein. Für einen Mann aus seiner nächsten Umgebung, Alexander von Hohenlohe, war Wilhelm der „zur Karikatur übertriebene Repräsentant seines Volkes" (R. Eckart [Hg.]. Das Zeitalter des Imperialismus. Kaiserreich und Erster Weltkrieg 1871–1918. Goldmann 1819. München o.J. S. 61).
Gestützt auf die Schilderung des Kaisers durch A.

v. Hohenlohe oder auf das Vorwort zur Ausgabe „Reden des Kaisers“ von Ernst Johann kann der Lehrer eine Kurzbiographie des Monarchen entwickeln, in der etwa folgende Beobachtungen und Urteile zur Sprache kommen:
Der Kaiser hatte eine rasche Auffassungsgabe, war allgemein interessiert, gutwillig, fröhlich und optimistisch, doch neigte er zu Sprunghaftigkeit und Oberflächlichkeit, die dazu führte, daß er oft Probleme nicht genügend durchdachte, Vorurteile hegte und Entscheidungen fällte, die schlecht begründet waren. Er versuchte eine körperliche Behinderung – seinen verkrüppelten linken Arm – durch betont forsches Auftreten, durch ein parvenuhaftes Selbstbewußtsein und durch höfische Repräsentation zu kompensieren. Seine Verwandten hielten ihn für stolz und etwas beschränkt; seine Neigung zu taktlosen Späßen verschaffte ihm wenig Sympathien. So trug die Abneigung Eduards VII. von England und des Zaren Nikolaus II. von Rußland gegenüber Wilhelm viel zur deutschfeindlichen Außenpolitik ihrer Nationen bei. Auffällig war Wilhelms Mangel an Einfühlungsvermögen in die Psychologie anderer Völker. Mit England und seinen englischen Verwandten verband ihn eine Art Haßliebe.
Innenpolitisch lehnte er die Liberalisierung und Parlamentarisierung des Staates ab. Die Sozialdemokraten waren für ihn Reichsfeinde.
Lebensdaten: geb. am 27. 1. 1859 in Potsdam, gestorben am 4. 6. 1941 im Exil in Doorn/Holland. Wilhelm erhielt eine gründliche Erziehung als Offizier, studierte Rechts- und Staatswissenschaften in Bonn. Am 15. 6. 1888 bestieg er den Thron. Durch seine Sozialpolitik entfremdete er sich Bismarck, den er 1890 zum Rücktritt zwang.

Unterrichtsschritt 2: Kriegsziele

In einem gewissen Gegensatz zur Notwehr-These des Kaisers stehen die Kriegsziele, die von verschiedenen einflußreichen Gruppen auch in Deutschland propagiert wurden. Mit Hilfe des Lehrbuchs haben sich die Schüler über die Ziele der kriegführenden Nationen informiert: Deutschland will die Annexion von Lüttich und das Erzbecken von Longwy-Briey, politisch-militärischen Einfluß auf Belgien, die Abtretung Litauens und Kurlands und die Bestätigung des Königreichs Polen. Frankreich will Elsaß-Lothringen zurück, man sprach auch von einem neutralen Pufferstaat, der aus linksrheinischen Gebieten geschaffen werden sollte. England will zusammen mit Frankreich im Vorderen Orient den türkischen Besitz aufteilen und die deutschen Kolonien annektieren. Rußland will Konstantinopel und die Meerengen, es darf außerdem nach dem Krieg seine Westgrenze nach Belieben festsetzen. Österreich-Ungarn hatte mit der Besetzung Serbiens sein Kriegsziel erreicht.
Am Beispiel der deutschen Kriegsziele kann die Frage nach den gesellschaftlichen Gruppen, die hinter diesen Forderungen stehen, gestellt werden. Auf die Kriegszielpolitik aller kriegführenden Staaten zielt die Frage nach der politischen Tradition, in der diese Annexionspläne stehen, und schließlich sollen sich die Schüler darüber Gedanken machen, unter welchen Voraussetzungen diese Kriegsziele nur erreicht werden können.

Ergebnis:
Die Ruhrkonzerne waren an den Erzvorkommen Lothringens interessiert, das Militär wünschte ein abhängiges Polen als Sicherung gegen Rußland, und die Marine legte Wert auf die Annexion der flandrischen Küste. Die Annexionspläne aller Staaten spiegeln die imperialistischen Interessen der europäischen Großmächte, d.h. ihrer führenden politischen, wirtschaftlichen und militärischen Gruppen. Alle diese Pläne gehen davon aus, daß der jeweilige Feind entscheidend geschlagen wird, daß ein „Siegfrieden“ erreicht wird. Am Beispiel des Friedens von Prag zwischen Österreich und Preußen im Jahre 1866 kann den Schülern deutlich gemacht werden, daß es auch eine andere Möglichkeit des Friedensschlusses gibt, den Verständigungsfrieden. Die Beteiligten verzichten auf Annexionen, der ehemalige Gegner soll zum Freund gewonnen werden, die nationale Demütigung wird vermieden.

Erweiterungsmöglichkeit:
Die Analyse eines Flugblatts aus dieser Zeit (abgedruckt in einigen Lehrbüchern) zeigt die Argu-

mente einer nationalistischen Ortsgruppe „Unabhängiger Ausschuß für einen Deutschen Frieden", die mit demagogischen Mitteln Propaganda macht für einen Siegfrieden und alle Versuche in Richtung Verständigungsfrieden als „faulen Frieden" denunziert.

Unterrichtsschritt 3:
Der Verlauf des Krieges bis zum Jahre 1917

Durch eine Reihe ausgewählter Dias (z.B. Der Erste Weltkrieg, 36 Dias, Westermann Nr. 311 444 oder Das Zeitalter des Imperialismus. Das Reich unter Wilhelm II. Farbdiaserie, Jünger Nr. 1282) können die wichtigsten Kriegsereignisse anschaulich gemacht werden. Für das Verständnis des Krieges sind folgende Daten wichtig, die den Schülern in Form einer Zeittafel vorgelegt werden können:

1914 Deutsche Offensive durch Belgien in Richtung Paris. Schlacht an der Marne. Die erste Armee schwenkt entgegen dem Schlieffenplan östlich von Paris ein, wo ihre Flanke von einer französischen Armee bedroht wird. Die Furcht vor einem Vorstoß der Engländer in die Lücke zwischen der 1. und 2. Armee veranlaßt die Oberste Heeresleitung (OHL) zum Rückzugsbefehl: Für die Alliierten „das Wunder an der Marne". Der Schlieffenplan ist damit gescheitert. Der Bewegungskrieg geht in den Stellungskrieg über (700 km lange Schützengrabenkette auf der Linie Flandern-Somme-Verdun-Vogesen).
Inzwischen sind zwei russische Armeen in Ostpreußen eingedrungen. Sie werden bei Tannenberg unter dem neuen Befehlshaber der Ostarmee, Hindenburg, und seinem Generalstabschef Ludendorff vernichtend geschlagen. Kriegseintritt der Türkei auf der Seite der Mittelmächte.
England verhängt die Fernblockade über Deutschland.

1915 Am Skagerrak Seeschlacht zwischen der deutschen und der englischen Hochseeflotte. Ausgang unentschieden – Italien greift auf seiten der Alliierten in den Krieg ein.

1916 Die deutsche Heeresleitung versucht, in einem für beide Seiten unerhört verlustreichen Kampf die Franzosen bei Verdun zu zermürben. Materialschlachten: Einsatz von schwerer Artillerie, Giftgas, Flammenwerfern, Minen, Tanks, Maschinengewehren. – Hindenburg und Ludendorff als Leiter der militärischen Operationen (OHL).

1917 Verschärfung des U-Boot-Kriegs, da die Marineleitung einen Sieg über England innerhalb von 6 Monaten garantiert. Der Protest der USA (Versenkung der „Lusitania" 1915) wird ignoriert. Folge: am 6. April Kriegserklärung der USA an Deutschland. Entscheidende Wende.

Alternative:
Anstelle der Dia-Reihe wird ein Film gezeigt: „Der Erste Weltkrieg II" (sw, 10 Min., FWU 32 03359).
Im Mittelpunkt steht die Situation in Deutschland und Frankreich im Jahr 1916. Zeitgenössische Filmaufnahmen aus deutschen und französischen Archiven vermitteln ein Bild von den Materialschlachten mit verlustreichen Sturmangriffen und verheerenden Sperrfeuern im Kampf um Verdun aus deutscher und französischer Perspektive. Der zweite Teil schildert die Lage in der Heimat – Frauen arbeiten in Munitionsfabriken und als Straßenbahnschaffnerinnen – und gibt dann Einblick in das Soldatenleben in der Etappe (Ungeziefer, Postempfang, Waschen, Essen).
3. Teil: Eine Karte verdeutlicht den Frontverlauf 1916; der deutsche Oberbefehlshaber General Falkenhayn ist auf einem zeitgenössischen Foto abgebildet (sein zynisches Konzept für die Kämpfe um Verdun: „den Gegner ausbluten!"), der Dichter Ernst Toller („Eine Jugend in Deutschland") kommt zu Wort, er beschreibt den Stellungskrieg aus der Sicht des Frontsoldaten, und französische und deutsche Augenzeugen berichten von den Kämpfen in der „Hölle von Verdun". Der Film endet mit Bildern vom Rückzug der deutschen Soldaten: Im blutigen Kampf um Verdun trug keine Seite den Sieg davon, die Schlacht wurde ergebnislos abgebrochen, die riesigen Opfer waren vergeblich.
Besprechungsvorschläge:
– Wie ist der Film aufgebaut?

- Welche optischen und akustischen Mittel werden eingesetzt?
- Was erfahren wir über den Charakter der Kämpfe?
- Wodurch wird Einseitigkeit vermieden?
- Welche Lehre möchte der Film vermitteln?
- Warum ist Verdun zum Symbol geworden?

Mögliche Erweiterung:
Der Erste Weltkrieg aus der Sicht der Frontsoldaten. Kriegsbriefe (Guggenbühl, S. 299–301; Hoffmann, Der Imperialismus und der Erste Weltkrieg, S. 65f.)

Alternative:
Der Erste Weltkrieg in der zeitgenössischen Literatur. Der sogenannte „heroische Nihilismus" Ernst Jüngers („In Stahlgewittern") im Vergleich mit der desillusionierenden Darstellung des Weltkriegserlebnisses in Remarques Antikriegsroman „Im Westen nichts Neues" (Textauszüge von beiden Autoren abgedruckt in Handbuch Bd. 5, S. 147ff.).
Fragen:
- Wie wird der Krieg erlebt?
- Welchen Standpunkt nimmt der Autor gegenüber dem Kriegsgeschehen ein?

(Eine brauchbare Zusammenfassung derartiger Texte über Kriegsgeschehen und -erlebnisse findet sich in: Mosaik, Texte zum Verständnis unserer Zeit..., Heft 15: Von Langemarck nach Stalingrad, Frankfurt/M. o.J.)

Keine Hausaufgabe

15. Stunde: Das Epochenjahr 1917

Zur didaktischen Funktion

Die Stunde hat ein doppeltes Ziel: Informationen 1. über die Voraussetzungen, die zum Kriegseintritt der USA führten und 2. die weltpolitische Bedeutung des Jahres 1917

Folgende Gesichtspunkte bestimmen den Unterrichtsverlauf:
- Durch Auswertung von Zahlenmaterial wird deutlich, daß die Auswirkungen der englischen Blockade im Jahre 1917 zu einer kritischen Situation in Deutschland führten, die die Reichsleitung zu einer grundsätzlichen Entscheidung über die weitere Kriegführung drängte, und daß sich in dieser Phase des Krieges das Militär gegenüber den Politikern durchsetzte. Dies lag nicht nur an der stärkeren persönlichen Durchsetzungskraft Ludendorffs gegenüber Bethmann Hollweg, sondern war begründet in einem „politisch-militärischen Dualismus", der in der staatlichen Ordnung des Reiches verankert war (E. Kehr, Der Primat der Innenpolitik, Frankfurt 1970, S. 111). Ganz im Widerspruch zu der Maxime des Generals von Clausewitz unterwarf sich die politische Reichsleitung der militärischen Führung: „An der Aufstellung des Feldzugsplans ist die politische Leitung nicht beteiligt gewesen... Überhaupt ist während meiner ganzen Amtstätigkeit keine Art von Kriegsrat abgehalten worden, bei der sich die Politik in das militärische Für und Wider eingemischt hätte" (T. v. Bethmann Hollweg, Betrachtungen zum Weltkriege, Berlin 1921, Bd. II, S. 7f).
- Das Jahr 1917 brachte die entscheidende Wende des Krieges: Der Kriegseintritt der USA leitete zusammen mit der bolschewistischen Revolution eine neue Epoche der Weltgeschichte ein. Der Aufstieg der späteren Supermächte ist ohne diese Ereignisse nicht denkbar, gleichzeitig aber hat der Ausgang des Krieges, der sich am 6. 4. 1917 abzeichnete, „der überragenden Stellung Europas in der Welt den ersten, aber bereits tödlichen Schlag versetzt..." (H. Herzfeld, Der Erste Weltkrieg a.a.O., S. 16)

Ziele der Stunde

Die Schüler erkennen,
- daß die Auswirkungen der englischen

Blockade die Widerstandskraft der Deutschen entscheidend schwächten;
- daß die OHL aus diesem Grund den Siegfrieden durch die Wiederaufnahme des uneingeschränkten U-Boot-Kriegs erzwingen wollte;
- daß die militärische Führung das Übergewicht über die politische Führung hatte;
- daß sich dieses Übergewicht verhängnisvoll auswirkte auf die deutsche Kriegsführung und im Jahre 1917 den Kriegseintritt der USA herausforderte;
- daß der Kriegseintritt der USA die Niederlage der Mittelmächte besiegelte;
- daß mit dem Jahr 1917 eine weltpolitische Entscheidung fiel, die bis in die Gegenwart weiterwirkt.

Die Schüler erarbeiten
- anhand von Zahlenmaterial einige entscheidende Auswirkungen der englischen Blockade auf die Versorgung der Bevölkerung im Jahre 1917;
- die Folgen des Kriegseintritts der USA für die kriegführenden Nationen.

Die Schüler beurteilen
- inwiefern uneingeschränkter U-Boot-Krieg und englische Seeblockade völkerrechtswidrige Maßnahmen waren;
- die Entscheidung der OHL zur Wiederaufnahme des uneingeschränkten U-Boot-Krieges im Hinblick auf die politischen Auswirkungen;
- die Rolle Wilhelms II. unter dem Aspekt des Übergewichts der militärischen über die politische Führung im Deutschen Reich.

Verlaufsskizze

Unterrichtsschritt 1:
Der U-Boot-Krieg

In Anknüpfung an die letzte Stunde wird auf die Rolle der deutschen Kriegsmarine eingegangen. Es zeigt sich, daß der forcierte Aufbau der deutschen Flotte nicht nur politisch, sondern auch militärisch ein Fehlschlag war. Das eigentliche Ziel der Schlacht am Skagerrak, die deutsche Seeherrschaft in der Nordsee, konnte nicht erreicht werden, die englische Blockade dauerte unvermindert an. Schon zu Beginn des Krieges hatte die deutsche Kriegsführung U-Boote eingesetzt, die immer mehr dazu übergingen, im Kriegsgebiet alle Schiffe ohne Vorwarnung durch Torpedobeschuß zu versenken. Als am 7. Mai 1915 der englische Passagierdampfer „Lusitania" von einem deutschen U-Boot versenkt wurde, wobei 2000 Menschen, darunter 120 amerikanische Staatsbürger, umkamen, drohte die empörte amerikanische Regierung mit dem Abbruch der diplomatischen Beziehungen zu Deutschland, falls der U-Boot-Krieg nicht eingeschränkt werde. Diese Drohung bewirkte, daß der sehr erfolgreiche U-Boot-Krieg in der Nordsee vorerst zum Erliegen kam.

Ergänzung:
Diese Informationen können durch die Berichte von U-Boot-Kommandanten anschaulich gemacht werden (Handbuch Bd. 5, S. 149f.; Hoffmann, Der Imperialismus und der erste Weltkrieg, S. 75f.).

Unterrichtsschritt 2:
Auswirkungen der englischen Blockade im Jahre 1917

Den Schülern wird auf einer Folie folgende Statistik über die verringerten Ernteergebnisse in Deutschland vorgelegt (nach: H. Herzfeld, Der Erste Weltkrieg, München ^{4}1976, S. 195)

1. 1917	Weizen	50%
	Roggen	58%
	Hafer	38%
	Kartoffeln	65%
	Zuckerrüben	59%

Ernteergebnis 1913 = 100%

2. 1917 Tägliche Lebensmittelrationen in Deutschland (in Gramm) (Fragen an die Geschichte 3, S. 275)

	Durchschnittsverbrauch vor dem Krieg	1917
Brot	330	160
Fleisch	150	19
Fett	28	7

Auswertungsfragen:
- Warum bewirkte die englische Blockade einen starken Rückgang der Ernteerträge?
- Vergleicht den Lebensmittelverbrauch vor dem Krieg mit der Ration von 1917.
- Wie sind Wirtschaftsblockade und U-Boot-Krieg vom Standpunkt des Völkerrechts aus zu beurteilen?

Alternative:
Bild 3 der Dia-Reihe „Neueste Geschichte in Plakaten (1914–1925)" (FWU R 421) zeigt ein Plakat aus dem Jahr 1917 mit dem Titel: „Sammelt Obstkerne zur Ölgewinnung." Zwei als Männchen stilisierte ölschwitzende Obstkerne sind auf dem Weg zur Sammelstelle. Von dieser Darstellung ausgehend erzählt der Lehrer von den Auswirkungen der englischen Blockade (nach: Willy Kühn, Erzählungen aus der Geschichte, Stuttgart 1974, S. 110f.):
- 1917 werden die letzten Reserven mobilisiert, auch die bescheidensten Hilfsquellen sollen jetzt erschlossen werden;
- Schulkinder sammeln Lumpen, Papier, Alteisen, Knochen, Obstkerne und andere verwertbare Stoffe;
- die Industrie sucht überall nach Ersatz für Rohstoffe: Kirchenglocken, Gartengitter, Kupferkessel werden eingeschmolzen;
- in den Fabriken fehlen Arbeitskräfte, Frauen werden dienstverpflichtet als Munitionsarbeiterinnen, aber auch als Straßenbahnschaffnerinnen, Postarbeiterinnen, Gehilfinnen in der Landwirtschaft;
- nur auf „Bedarfsscheine" gibt es Kleider. Sie sind aus „Kunststoffen", d. h. aus Brennesseln, Schilfrohr oder Holz hergestellt. Schuhe bekommen Sohlen aus dicker Pappe, Fahrräder und Autos federnde Stahlspiralen anstelle von Gummireifen;
- aus Steckrüben, einem Viehfutter, kocht man Marmelade und Suppe;
- die hungernden Menschen graben Parks und Spielplätze um und bauen dort Gemüse an;
- die Essensrationen sind kümmerlich: auf „Lebensmittel-Karten" gibt es je Person 160–200 g Brot, d. h. 4 Schnitten täglich, 5 Pfd. Kartoffeln und ca. 40 g Butter in der Woche; Fleisch, Eier, Milch gibt es nur noch selten. Die Folge: Hungerkrankheiten breiten sich aus.

Unterrichtsschritt 3:
Die militärische Lage Deutschlands im Jahre 1917

Das Unterrichtsgespräch wendet sich nun der Frage zu, welche Möglichkeiten die Leitung des Reiches noch hatte, um angesichts der militärischen und wirtschaftlichen Lage zu Beginn dieses Jahres die bedrohliche Situation in den Griff zu bekommen.

Vorschläge für die Besprechung:
- Ist die militärische Lage Deutschlands im Jahre 1917 hoffnungslos?
- Welche Konzessionen an die Alliierten sind bei der Suche nach einem vernünftigen Frieden denkbar?
- Welches riskante Mittel werden die Vertreter einer harten Linie vorschlagen?

Die deutschen Truppen standen immer noch tief im Feindesland. Auch die Westmächte erzielten mit ihren Offensiven keinen entscheidenden Erfolg. Die Front im Osten hielt. Allerdings hat die Entente den Wirtschaftskrieg gegen Deutschland gewonnen. Auf alle Fälle hätte die deutsche Führung ihre Bereitschaft bekunden müssen, Elsaß-Lothringen an Frankreich zurückzugeben und Belgiens Souveränität wiederherzustellen, wenn sie zu diesem Zeitpunkt einen akzeptablen Frieden gewollt hätte. Für eine Verständigungspolitik plädierte der Reichskanzler Bethmann Hollweg, für die Verschärfung des Krieges durch einen erneuten unbeschränkten Einsatz der U-Boot-Waffe als kriegsentscheidendes Mittel trat die Oberste Heeresleitung ein (Hindenburg, vor allem

Ludendorff). Die Militärs setzten sich durch, der Reichskanzler mußte zurücktreten.

Unterrichtsschritt 4:
Das Verhältnis von politischer und militärischer Führung im kaiserlichen Deutschland

In dieser Unterrichtsphase ist es sinnvoll, wenn die beiden Hauptakteure, der Vertreter der politischen Führung, Bethmann Hollweg und General Ludendorff, entweder durch den Lehrer oder in zwei kurzen Schülerreferaten vorgestellt werden (Kurzbiographien).

1. Theobald von Bethmann Hollweg (1856–1921). (Vgl. Biographisches Wörterbuch zur deutschen Geschichte Bd. I, S. 267–269; Heinz Nitzschke, Umstrittene Probleme der neuesten Geschichte, Paderborn 1969, S. 120ff.)
Nach einer Tätigkeit im preußischen Verwaltungsdienst wurde er 1909 zum Reichskanzler und preußischen Ministerpräsidenten ernannt. Seine politische Haltung ist umstritten. Seit der Veröffentlichung des Tagebuches von Kurt Riezler (1972) wurde deutlich, daß er in der Julikrise 1914 aus Furcht vor einem immer stärker werdenden Rußland das Risiko eines Krieges einzugehen bereit war. Gleichzeitig versuchte er aber, durch einen Ausgleich mit England den allgemeinen, großen Krieg zu verhindern. Viele hielten ihn für einen Schöngeist und philosophischen Grübler; sie sahen in ihm eher einen Geführten als einen aktiven Führer. Er selbst hat einmal seine politische Haltung als die „Linie der Diagonalen" charakterisiert, d. h., er wollte einen Kurs zwischen Annexionismus und Status-quo-Frieden, zwischen Bewahrung des konstitutionellen Herrschaftssystems und Eingliederung der Sozialdemokratie in den deutschen Staatsverband durch Zubilligung politischer Rechte steuern. Es gelang ihm aber nicht, für dieses Kompromißprogramm eine Mehrheit im Reichstag zu finden. Er verspielte den Rückhalt, den er beim Kaiser und den Militärs ebenso wie bei einigen sozialdemokratischen Gruppen hatte, durch seine anfängliche Ablehnung des uneingeschränkten U-Boot-Kriegs (1916) und durch sein verspätetes Nachgeben in dieser Frage (1917). Im Juli 1917 erreichte die Oberste Heeresleitung im Bund mit Abgeordneten von links und rechts durch eine Rücktrittsdrohung Hindenburgs und Ludendorffs die Entlassung des Reichskanzlers.

2. Erich Ludendorff (1865–1937). (Vgl. Biographisches Wörterbuch zur deutschen Geschichte Bd. II, S. 1702–1705.)
Geboren in Kruscewnia bei Posen als Sohn eines Geschäftsmanns. 1904 wurde er vom jüngeren Moltke zum Chef der Operationsabteilung im Großen Generalstab ernannt. Nachdem er sich 1914 bei der Eroberung von Stadt und Festung Lüttich ausgezeichnet hatte, wurde ihm im gleichen Jahr die Führung der 8. Armee in Ostpreußen übertragen. Ludendorff bildete als Erster Generalquatiermeister zusammen mit Hindenburg ab August 1916 die dritte Oberste Heeresleitung (Vorgänger Moltke, Falkenhayn). Er war ein Mann der Tat, „ein Bürgerlicher von aggressiver Karrieresucht" (C. Barnett), ein bedingungsloser Anhänger des Schlieffenplans und der Idee vom Vernichtungssieg. Um das Ziel des Siegfriedens zu erreichen, mobilisierte er rücksichtslos alle Hilfsmittel des Staates (Totaler Krieg). Sein Einfluß auf die Außen- und Innenpolitik während des Krieges war so dominierend, daß die Reichsregierung von der OHL geradezu abhängig wurde. Ludendorff war für den uneingeschränkten U-Boot-Krieg, betrieb den Sturz Bethmann Hollwegs, bekämpfte alle Friedensresolutionen und übte eine Art militärischer Diktatur aus. Nachdem die militärische Überlegenheit der Alliierten Ende 1918 immer bedrohlicher wurde, forderte er die Reichsregierung unvermittelt zu einem Waffenstillstandsangebot an die Entente auf. Wilhelm II. akzeptierte wenig später sein Entlassungsgesuch.

Im Anschluß an diese Kurzbiographien kann das Unterrichtsgespräch der Frage nach dem Verhältnis zwischen Politik und Militär im Wilheminischen Deutschland nachgehen.
Vorschläge für die Besprechung:
- Wer hatte nach der Verfassung den Oberbefehl über die Streitkräfte?
- Inwiefern nahm der Kaiser seine Aufgabe nicht wahr?
- Erinnert ihr euch an Ereignisse, bei denen die militärische Führung eindeutig das Übergewicht über die politische hatte?
- Vergleicht die Stellung des Militärs in den westlichen Demokratien mit der im Deutschen Reich.

Erwartete Schülerantworten:
Nach der Verfassung hatte der Kaiser den Oberbefehl; tatsächlich führte die OHL. Die

Koordination von politischer und militärischer Führung wäre die Aufgabe des Kaisers gewesen. In der Vernachlässigung dieser Aufgabe lag sein eigentliches Versagen; folglich bestimmte das Militär über die Politik. Diese Entwicklung zeigte sich schon bei der Flottenrüstung (Tirpitz), beim Schlieffenplan, bei der Durchführung des uneingeschränkten U-Boot-Kriegs und bei der Entlassung Bethmann Hollwegs. In Deutschland konnte sich das Militär eine starke Sonderstellung erobern, weil die Armeeführung

Tafelbild 1, 15. Stunde

Das Epochenjahr 1917

England — Seeblockade seit 1914 → Deutschland

↓

Mangel an Rohstoffen,
Ungenügende Versorgung,
Hunger, Krankheit,
Schwächung der dt. Wehrkraft

↓

Kritische Situation
drängt zur Entscheidung

↓

Bethmann Hollweg → Verständigungsfrieden,
Hindenburg und Ludendorff → Siegfrieden. Die militärische Führung setzt sich gegen die politische Führung durch.

Schiffe der Alliierten, neutrale Schiffe in den maritimen Kriegszonen, auch Schiffe der U.S.A. ← Unbeschränkter U-Boot-Krieg

Erwartete Wirkung: rascher Sieg. Durchbrechung der Blockade

↓

U.S.A. — Kriegserklärung am 6.4.1917 → Militärische Niederlage der Mittelmächte

Moderne Waffen, Kredite, frische Truppen

↓

Viele neutrale Staaten in Süd- und Mittelamerika — Kriegserklärung →

Beginn einer neuen Epoche: Europa verliert seine Vormachtstellung in der Welt. Eintritt der USA in die Weltpolitik als Schiedsrichter, aus Rußland wird die Sowjetunion.

nicht wie in den Demokratien des Westens der Kontrolle des Parlaments unterworfen war.

Mögliche Erweiterung:
Analyse eines Textes über das Verhältnis von Militär und Politik aus Carl von Clausewitz' Werk „Vom Kriege" (Berlin 1937, S. 584). „Mit einem Wort, die Kriegskunst auf ihrem höchsten Standpunkt wird zur Politik ... Ja, es ist ein widersinniges Verfahren, bei Kriegsentwürfen Militär zu Rate zu ziehen, damit sie rein militärisch darüber urteilen sollen, wie die Kabinette wohl tun; aber noch widersinniger ist das Verlangen der Theoretiker, daß die vorhandenen Kriegsmittel den Feldherrn überwiesen werden sollen, um danach einen rein militärischen Entwurf zum Krieg oder Feldzuge zu machen."

Impuls:
- Wie ist also das vielzitierte Wort vom Krieg als „der Fortsetzung der Politik mit anderen Mitteln" richtig zu verstehen?

Unterrichtsschritt 5:
Der Kriegseintritt der USA

Die Wiederaufnahme des uneingeschränkten U-Boot-Kriegs führte zur Kriegserklärung der Vereinigten Staaten an das Deutsche Reich (6. 4. 1917). Die Klasse wird nun aufgefordert, Vermutungen über die Folgen dieses Schritts zu äußern.

Alternative:
Wenn diese Aufgabenstellung keine befriedigende Resonanz findet, kann man die Schüler auffordern, sich in einer Lesephase in ihrem Lehrbuch über die Folgen des amerikanischen Kriegseintritts zu informieren.

Mögliche Arbeitsaufträge:
- Auf welche Weise unterstützten die USA ihre Verbündeten?
- Wie wirkte sich der Einsatz der Amerikaner auf dem Kriegsschauplatz im Westen aus?

Ergänzende Informationen werden durch den Lehrer gegeben.
Ergebnis:
1. Durch amerikanische Kredite wird der drohende finanzielle Zusammenburch Englands verhindert.
2. Auf die amerikanische Kriegserklärung folgt eine Welle von Kriegserklärungen vormals neutraler Staaten in Süd- und Mittelamerika.
3. Da England jetzt keine Rücksicht mehr nehmen muß auf amerikanische Handelsinteressen, wird die englische Blockade gegen Deutschland verstärkt.
4. Die zweitstärkste Marine der Welt tritt in den Kampf gegen die deutschen U-Boote ein.
5. Bedeutungsvoll wird die Leistung der amerikanischen Rüstungsindustrie und der Einsatz amerikanischer Waffen (Tanks) und Truppen auf dem Kriegsschauplatz.
6. Wichtig ist die moralische Ermutigung der Entente durch das Eingreifen der USA.

Zum Schluß der Stunde kann die Frage gestellt werden nach der Bedeutung des Jahres 1917 für die Geschichte des 20. Jahrhunderts. Die Schüler überlegen sich, warum man das Jahr 1917 als „Eingangstor in die Geschichte der Gegenwart" (H. Herzfeld) bezeichnen kann.
Das Unterrichtsgespräch kann zu folgenden Einsichten führen: Die große Überlegenheit der Amerikaner an Menschen und Material entschied den Krieg endgültig zugunsten der Alliierten. Zum ersten Mal hatten die Vereinigten Staaten energisch in die Weltpolitik eingegriffen.

Information durch den Lehrer:
In Rußland war die Oktoberrevolution ausgebrochen, die Bolschewiken unter Lenin führten das kommunistische System zum Sieg und legten den Grund für die spätere Großmachtstellung der Sowjetunion. Europa hatte seine Vormachtstellung in der Welt eingebüßt, mit dem Aufstieg der USA und der Sowjetunion begann eine neue Epoche der Weltgeschichte.

Tafelbild 2, 15. Stunde

> **Der Dualismus von politischer und militärischer Führung im Wilhelminischen Deutschland**
>
> 1. Nach der Verfassung ist der Kaiser Oberbefehlshaber
> 2. Die OHL übernimmt die Führung der Streitkräfte
> 3. Aufgabe des Kaisers: Koordination von politischer und militärischer Führung
> 4. Wilhelm II. erfüllt diese Aufgabe nicht
> 5. Folge: Die Militärs sind einflußreicher als die Politiker
> (Beispiele: Flottenrüstung, Schlieffenplan, U-Boot-Krieg, Entlassung Bethmann Hollwegs)
> 6. Im Gegensatz zu den westlichen Demokratien wird die Armee nicht vom Parlament kontrolliert

Mögliche Hausaufgabe:

Informiert euch im Lehrbuch über die innerpolitische Lage in Deutschland bei Kriegsende (s. 16. Stunde, Unterrichtsschritt 1).

16. Stunde: Die Niederlage der Mittelmächte

Zur didaktischen Funktion

Die letzte Stunde der Unterrichtseinheit skizziert in aller Kürze die militärischen Ereignisse des Jahres 1918, die zur Niederlage Deutschlands auf dem Kriegsschauplatz führten (Zeittafel), sie behandelt ausführlich die für das historische Verständnis der Schüler wichtigeren innenpolitischen Probleme und Konflikte im letzten Kriegsjahr und verdeutlicht schließlich die politischen Vorstellungen Wilsons, die einen bestimmenden Einfluß auf den Ablauf der Ereignisse hatten.

Die Reaktionen in Deutschland auf die harten Bedingungen des Friedensvertrags von Brest-Litowsk, die Zustimmung, die der Vertrag bei den rechtsstehenden Parteien fand, der Protest der USPD, die Stimmenenthaltung der Sozialdemokraten bei der Ratifizierung, zeigten die tiefe Spaltung im deutschen Volk in zentralen politischen Fragen. Den Schülern wird deutlich, daß sich die innenpolitischen Auseinandersetzungen immer stärker zu einem Konflikt zwischen großen Teilen der Arbeiterschaft und den Vertretern der offiziellen Politik entwickelten. Folgende konträre Positionen macht der Unterrichtsentwurf sichtbar:

1. Das Elend der hungernden Massen wuchs, der Protest der arbeitenden Menschen artikulierte sich in Massenstreiks. Für das Phänomen des Massenstreiks sind nicht nur ökonomische, sondern die Verbindung von ökonomischen mit politischen Forderungen typisch: Nur durch eine rasche Beendigung des Krieges, möglichst durch einen Verständigungsfrieden, konnte die Aufhebung der englischen Blockade erreicht und damit die Lebensmittelversorgung der deutschen Bevölkerung verbessert werden. Die Zahl der Streiks wuchs von 137 im Jahre 1915 auf 561 im Jahre 1917; Tausende von Arbeitern forderten: „Brot, Frieden, Freiheit“ (Rainer Nitsche/Walter Kröber, Grundbuch zur bürgerlichen Gesellschaft 2, Darmstadt und Neuwied 1979, S. 126).
2. Die herrschenden Gruppen hielten immer noch an der Vorstellung vom Siegfrieden fest, sie blockierten konstruktive Friedensangebote und wollten, nachdem sich der uneingeschränkte U-Boot-Krieg doch nicht kriegsentscheidend ausgewirkt hatte, die militärische Wende durch eine große Offensive im Westen erzwingen. Nach dem katastrophalen Fehlschlag des Unternehmens wandte sich die OHL mit ihrem Waffenstillstandsangebot an Wilson, dessen politische Vorstellungen Ansatzpunkte für einen akzeptablen Frieden zu bieten schienen.

Die letzte Phase der Unterrichtsstunde hat zusammenfassenden Charakter. Im abschließenden Gespräch sollte sich zeigen, daß die Schüler die militärischen, wirtschaftlichen, ideologischen, innen- und außenpolitischen Ursachen der Niederlage Deutschlands im Ersten Weltkrieg erkannt haben.

Ziele der Stunde

Die Schüler erkennen,
- daß der Siegfrieden von Brest-Litowsk die Chance auf einen Verständigungsfrieden zwischen den Mittelmächten und den Alliierten verringerte;
- daß die Massenstreiks wirtschaftliche und politische Hintergründe hatten;
- daß die Friedensresolution der Reichstagsmehrheit von falschen Voraussetzungen ausging;
- daß die gescheiterte letzte deutsche Offensive die Möglichkeit für einen Verständigungsfrieden verbaute;
- daß Wilsons demokratische Ideen mittelbaren Einfluß hatten auf den Prozeß der beginnenden Demokratisierung in Deutschland.

Die Schüler erarbeiten
- aus einer Quelle die Angebote und Bedingungen der Reichstagsmehrheit für einen Friedensschluß;
- aus Wilsons politischem Programm seine Forderungen an die Mittelmächte und seine zukunftsweisenden politischen Ideen (Selbstbestimmungsrecht, Völkerbund).

Die Schüler beurteilen
- die Gründe für die politischen Auseinandersetzungen zwischen Rechts- und Linksparteien am Ende des Krieges;
- die mögliche innenpolitische Auswirkung der Tatsache, daß die Forderung nach Demokratisierung Deutschlands von einem Vertreter der Siegermächte erhoben wurde.

Verlaufsskizze

Unterrichtsschritt 1:
Der Zusammenbruch Rußlands und der Frieden von Brest-Litowsk

Der Lehrer berichtet skizzenhaft über die Vorgänge in Rußland im Jahr 1917, die schon am Ende der vorhergehenden Stunde angedeutet wurden:

Im Frühjahr brach in Petersburg eine Revolution aus, die zum Sturz des Zaren führte. In der Hoffnung auf eine weitere Schwächung der russischen Widerstandskraft ließ die deutsche Reichsregierung den bolschewistischen Revolutionär Lenin von der Schweiz nach Rußland ausreisen, wo er die Führung der Revolution übernahm und auf Friedensverhandlungen mit den Mittelmächten drängte. Am 3. März 1918 wurde in Brest-Litowsk Frieden geschlossen. Die Russen mußten trotz Protests folgende Bedingungen akzeptieren: Rußland verzichtet auf seine Ansprüche auf die baltischen Provinzen, Finnland und die Ukraine, Polen wird ein selbständiger Staat.

Im anschließenden Unterrichtsgespräch kann deutlich gemacht werden, daß die deutsche Regierung mit diesem harten Annexionsfrieden zwei Ziele erreichen wollte:
1. Die katastrophale Nahrungsmittelversorgung Deutschlands sollte verbessert werden.
2. Die OHL wollte die Grenze nach Osten sichern.

Die Frage nach der politischen Auswirkung des Siegfriedens kann folgendermaßen beantwortet werden: Das Bemühen deutscher Politiker um einen Verständigungsfrieden mit den Alliierten war unglaubwürdig geworden.
Die harten Friedensbedingungen, welche Deutschland den Russen auferlegt hatte, konnten nach der deutschen Niederlage als Rechtfertigung für einen ähnlich harten Frieden dienen.

Unterrichtsschritt 2:
Die innenpolitische Situation in Deutschland

Den Schülern wird eine Statistik über Arbeiterstreiks in den Jahren 1916–1918 (Hektographie oder Folie) vorgelegt (nach: Herzfeld, Der Erste Weltkrieg, S. 277ff,; vgl. auch Nitsche/Kröber, Grundbuch zur bürgerlichen Gesellschaft 2, S. 126)

1916 55 000 Berliner Metallarbeiter streiken 3 Tage lang gegen die Verhaftung Karl Liebknechts.

1917 217 000 Arbeiter streiken in Berlin und Leipzig.

1918 400 000 Arbeiter streiken in Berlin.

Die Auswertung dieser Angaben soll die als Hausaufgaben erarbeiteten Informationen über die innenpolitische Situation in Deutschland während des Krieges aktivieren.

Gesprächsimpulse:
- Beschreibt die Lage der Arbeiter in Deutschland zu dieser Zeit!
- Welche politischen Forderungen sollten durch Streiks durchgesetzt werden?
- Warum wurde Liebknecht verhaftet?

Ergebnis:
Im Jahre 1914 hatte die sozialdemokratische Partei zwar den Kriegskrediten im Reichstag zugestimmt, u. a. weil man der offiziellen Lesart von der Notwehrsituation Deutschlands glaubte, und alle Parteien hat-

Vorschlag für eine Folie
(16. Stunde, Unterrichtsschritt 2)

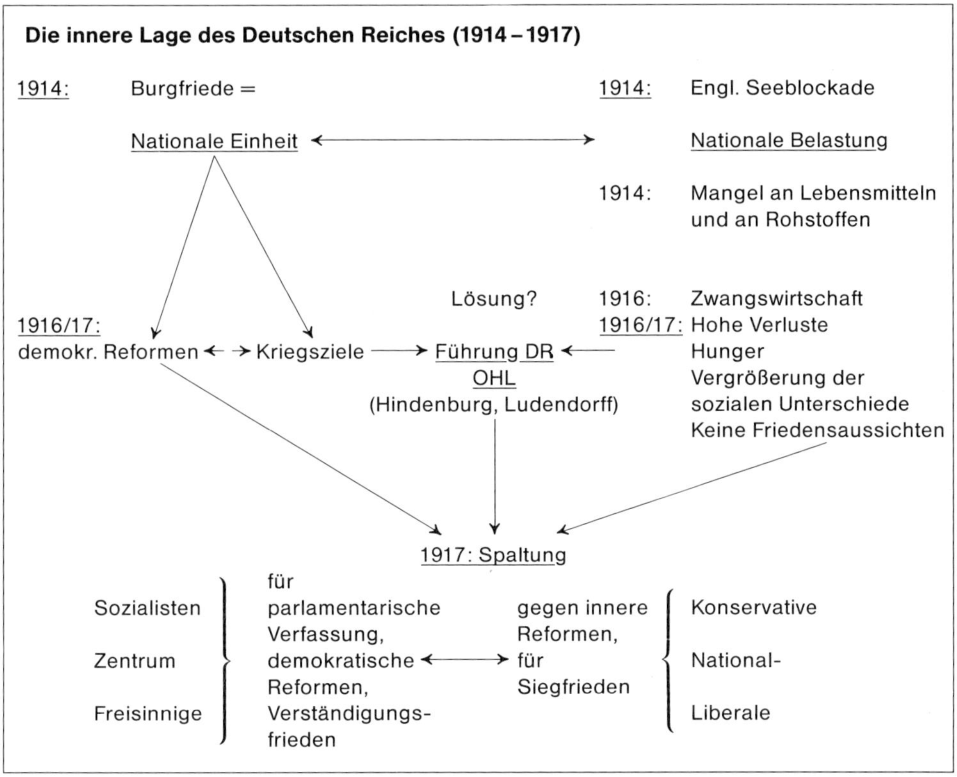

ten bei Kriegsbeginn den sogenannten „Burgfrieden" geschlossen. Bald zeigte sich aber innerhalb der SPD wachsender Widerstand gegen die national-verbrämte kritiklose Unterstützung der Herrschenden. Im Jahre 1916 spaltete sich der Spartakusbund (Liebknecht, Rosa Luxemburg) von der SPD ab. Die Veranstaltung einer öffentlichen Antikriegskundgebung am 1. 5. 1916 trug Liebknecht vier Jahre Zuchthaus ein.
Die Diskussion der Kriegsziele machte die unvereinbaren politischen Standpunkte der Parteien deutlich, der „Burgfrieden" war nicht länger gültig. Sozialisten, Zentrum und Freisinnige wollten eine parlamentarische Verfassung für das Deutsche Reich, das allgemeine Wahlrecht in Preußen und einen Verständigungsfrieden zwischen den kriegführenden Nationen. Die Konservativen und die Nationalliberalen verhinderten dagegen innere Reformen und propagierten den Siegfrieden. Allerdings machten die Auswirkungen der englischen Wirtschaftsblokkade einen Sieg Deutschlands nach dem dritten Kriegsjahr immer unwahrscheinlicher, obwohl die OHL versuchte, durch das sogenannte „Hindenburgprogramm" alle Hilfsquellen der privaten Wirtschaft in den Dienst des totalen Krieges zu stellen (Zwangswirtschaft, Rohstofferfassung, Zivildienstpflicht). Die Folgen der Abschnürung Deutschlands von der Nahrungsmittel- und Rohstoffzufuhr: Leder, Baumwolle, Kautschuk, Mineralöl, Nichteisenmetalle wurden knapp, die allgemeine Ernährungslage wurde immer kritischer, überall fehlte es an Transportmitteln und an Arbeitskräften. Die Kluft zwischen Arm und Reich vergrößerte sich, die Reichen konnten sich auf dem Schwarzen Markt mit allem Lebensnotwendigen versorgen, Kriegsgewinnler, Wucherer und Schieber profitierten von der allgemeinen Notlage (s. Vorschlag für eine Folie, S. 103).

Unterrichtsschritt 3:
Die Friedensresolution der Reichtagsmehrheit vom 19. Juli 1917

Quellenarbeit (Geschichte in Quellen 5, S. 93f.; Hohlfeld, S. 354; Wulf, Das Zeitalter des Imperialismus, S. 70; Hoffmann, Der Imperialismus und der Erste Weltkrieg, S. 80) (s. Vorschlag für ein Arbeitsblatt, S. 105)

Textinhalt:
Das deutsche Volk ist nicht von Eroberungssucht getrieben, es mußte zu den Waffen greifen, um seine Freiheit und seinen territorialen Besitzstand zu verteidigen. Der Reichstag erstrebt einen Verständigungsfrieden. Er ist für die Freiheit der Meere, für Wirtschaftsfrieden und für eine internationale Rechtsorganisation. Das deutsche Volk ist aber entschlossen, weiterzukämpfen, wenn die Feinde Deutschland weiterhin mit Eroberungen drohen.

Erwartete Ergebnisse (Zusammenfassung):
Die These von der deutschen Notwehrsituation wird aufrechterhalten, England wird indirekt wegen seiner Blockadepolitik angegriffen, konkrete Konzessionen werden nicht angeboten.
Die Oberste Heeresleitung, die immer noch das Ziel eines Siegfriedens verfolgte, wollte durch die vorgeschlagene Kürzung des Textes den Rechtsparteien und den Alldeutschen entgegenkommen, obwohl die Hoffnung auf Annexionen nach einem deutschen Sieg durch den Kriegseintritt der USA unrealistisch geworden war. Deshalb mußte auch der Satz „In seiner Einigkeit ist das deutsche Volk unüberwindlich" illusionär und propagandistisch wirken.
Als wichtigste Voraussetzung für einen Verständigungsfrieden hätte der Reichstag die Wiederherstellung der belgischen Souveränität und den Verzicht auf Elsaß-Lothringen anbieten müssen, aber aus Furcht, die Widerstandskraft der Armee zu schwächen,

wurde die Erfüllung dieser Mindestforderungen nicht einmal in Aussicht gestellt. Schon aus diesem Grund fand die deutsche Friedensresolution bei den Alliierten keine Resonanz.

Alternative:
Einer Klasse, die stärker auf anschauliche Schilderungen anspricht, könnte man mit den Tagebuchaufzeichnungen des Obersten i. G. Albrecht von Thaer bekannt machen. Der Offizier vermittelt einen Eindruck von der Stimmung im Großen Hauptquartier im April und Mai 1918. Vor allem wird die Realitätsblindheit Hindenburgs und Ludendorffs deutlich; beide Generäle wollen es einfach nicht wahrhaben, daß die deutsche Infanterie die Grenze ihrer Leistungsfähigkeit erreicht hatte, die warnende Stimme des Obersten wird ignoriert (Handbuch Bd. 5, S. 160f.).

Vorschlag für ein Arbeitsblatt
(16. Stunde, Unterrichtsschritt 3)

Aus der Friedensresolution der Reichstagsmehrheit

Vorbemerkung:
Ein interfraktioneller Ausschuß der Parteien der Reichstagsmehrheit aus Zentrum, Fortschrittspartei und Sozialdemokraten einigte sich am 6. Juli 1917 auf den Text einer Friedensresolution, die der Reichstag beschließen sollte. Die OHL wandte sich energisch gegen diese Resolution, Feldmarschall von Hindenburg verlangte, daß mindestens die Worte im dritten Satz nach „Frieden“, sowie der ganze folgende Satz gestrichen werden sollten. Trotzdem wurde die Resolution in der vorliegenden Form am 19. Juli 1917 angenommen (212 Abgeordnete dafür, 126 dagegen, 17 Enthaltungen). Der Reichskanzler Bethmann Hollweg, der die Resolution unterstützt hatte, wurde darauf von Hindenburg und Ludendorff im Bund mit nationalistischen Abgeordneten als „Flaumacher“ denunziert und zum Rücktritt gezwungen.

Wie am 4. August 1914 gilt für das deutsche Volk auch an der Schwelle des vierten Kriegsjahres das Wort der Thronrede: „Uns treibt nicht Eroberungssucht.“ Zur Verteidigung seiner Freiheit und Selbständigkeit und für die Verteidigung seines territorialen Besitzstandes ergriff Deutschland die Waffen. Der Reichstag erstrebt einen Frieden der Verständigung und dauernden Versöhnung der Völker. Mit einem solchen Frieden sind erzwungene Gebietsabtrennungen, politische und wirtschaftliche und finanzielle Vergewaltigungen unvereinbar... Die Freiheit der Meere muß sichergestellt werden. Nur ein Wirtschaftsfrieden wird dem freundschaftlichen Zusammenleben der Völker den Boden bereiten. Der Reichstag wird die Schaffung internationaler Rechtsorganisationen tatkräftig fördern. Solange jedoch die feindlichen Regierungen... Deutschland und seine Verbündeten mit Eroberungen und Vergewaltigungen bedrohen, wird das deutsche Volk wie ein Mann zusammenstehen und unerschütterlich ausharren und kämpfen, bis sein und seiner Verbündeten Recht auf Leben und Entwicklung gesichert ist. In seiner Einigkeit ist das deutsche Volk unüberwindlich...

(Geschichte in Quellen 5, S. 93f.)

Arbeitsaufträge/Fragen:

1. Warum mußte Deutschland kämpfen?
2. Welche Bedingungen werden gestellt?
3. Welche Drohungen werden ausgesprochen?
4. Welche Konzessionen angeboten?
5. Warum wollte Hindenburg gerade den dritten Satz ändern und den vierten ganz streichen?
6. Diskutiert die Problematik dieser Resolution!
7. Warum mußte sie wirkungslos bleiben?

Unterrichtsschritt 4:
Die militärischen und politischen Ereignisse im Jahre 1918

Im Lehrervortrag oder in der Form einer hektographierten Zeittafel erhalten die Schüler folgende Informationen:

21. 3. 1918 Die letzte deutsche Offensive kommt nach anfänglichem Geländegewinn in Richtung Amiens durch alliierte Gegenwehr (starke amerikanische Verbände) zum Stillstand.

18. 7. Neun amerikanische Divisionen unterstützen den alliierten Gegenangriff.

8. 8. Der „schwarze Tag". Die deutsche Verteidigung kann nicht mehr standhalten. Rückzug der deutschen Truppen.

Sept.–Nov. Die bulgarischen, türkischen, österreichischen Fronten geraten ins Wanken.

3. 10. Unter dem neuen Reichskanzler Prinz Max von Baden wird die parlamentarische Monarchie eingeführt.
Auf Ersuchen der OHL: Waffenstillstandsangebot an den amerikanischen Präsidenten Wilson.

3. 11. Matrosenaufstand in Kiel.

9. 11. Der Reichskanzler gibt die Abdankung des Kaisers bekannt. Der sozialdemokratische Abgeordnete Scheidemann ruft die Republik aus.

11. 11. Im Auftrag des Rats der Volksbeauftragten (Leitung Ebert) schließt Erzberger im Wald von Compiègne den Waffenstillstand ab.

Die Frage nach den politischen Auswirkungen der letzten deutschen Offensive führt zu folgender Überlegung: Ludendorffs Unternehmen, das den deutschen Sieg erzwingen wollte, war ein Vabanquespiel, denn durch ein Scheitern der militärischen Operation war ein Siegfrieden unmöglich geworden, gleichzeitig wurden die Chancen für einen Verständigungsfrieden verspielt, die deutschen Ressourcen waren erschöpft, der Sieg der Entente zeichnete sich ab.

Die Schüler werden nun aufgefordert, weitere Fragen zur Zeittafel zu stellen. Fragen etwa nach den Gründen für die überraschende Einführung der parlamentarischen Monarchie und warum das Waffenstillstandsangebot ausgerechnet an den amerikanischen Präsidenten gerichtet wurde, werden im nächsten Unterrichtsschritt beantwortet.

Unterrichtsschritt 5:
Wilsons politisches Programm (Quellenauswertung)

Wilsons 14 Punkte (Vertrags-Ploetz Teil II, S. 23f.; Geschichte in Quellen 5, S. 104ff.; Hohlfeld II, S. 393ff.; Quellenband II, S. 120f.; Guggenbühl IV, S. 311ff.; Wulf, Das Zeitalter des Imperialismus, S. 74f.) (s. Vorschlag für eine Folie, S. 107).

Die Auswertung von Wilsons politischem Programm erfolgt im Unterrichtsgespräch. Gesprächsimpulse:

- Warum wurde das deutsche Waffenstillstandsgesuch an Wilson gerichtet?
- Welche Punkte kamen den Interessen Deutschlands entgegen?
- Welche politischen Ziele waren zukunftsweisend?
- Diskutiert die möglichen Folgen für Österreich und die Türkei!
- Inwiefern sind die Interessen der USA berücksichtigt?

Erwartete Schülerantworten (ergänzende Informationen durch den Lehrer):
Deutschland erwartete von Frankreich (Clemenceau) und England (Lloyd George) keinen akzeptablen Frieden, denn diese Politiker hatten wiederholt die kompromißlose Niederwerfung des Feindes gefordert. Wilsons Bedingungen schienen dagegen einen vernünftigen Kompromiß zu ermöglichen (vgl. z.B. seine Punkte 2 und 3). Als zukunftsweisend empfand man seine Vorstellungen vom Selbstbestimmungsrecht der

Vorschlag für eine Folie
(16. Stunde, Unterrichtsschritt 5)

Aus Wilsons „Vierzehn Punkten"

Thomas Woodrow Wilson (1856–1924), Prof. in Princeton, war von 1913–21 Präsident der Vereinigten Staaten. Schon 1916 hatte er die kämpfenden Mächte zur Bekanntgabe ihrer Kriegsziele aufgefordert, um zwischen den kriegführenden Nationen zu vermitteln. Auch nach dem Kriegseintritt der USA bemühte er sich weiterhin um die Beendigung der Kampfhandlungen durch einen gerechten Frieden. Am 8. Januar 1918 gab er aus Anlaß der deutsch-russischen Friedensverhandlungen von Brest-Litowsk sein Friedensprogramm im Kongreß bekannt. Er erhob u. a. folgende Forderungen:

2. nach absoluter Freiheit der Schiffahrt im Krieg und im Frieden;
3. nach Aufhebung aller Handelsschranken und Schaffung allgemeiner gleicher Bedingungen des Welthandels;
7. nach Wiederherstellung der belgischen Souveränität;
8. nach Räumung Frankreichs und Rückgabe von Elsaß-Lothringen;
10. nach autonomer Entwicklung für die Völker der Donaumonarchie;
12. nach Souveränität der Türkei bei Gewährung der Autonomie an die der Türkei unterstehenden anderen Nationalitäten. Freie Durchfahrt durch die Dardanellen;
14. nach Errichtung eines Völkerbunds zur Garantierung der politischen Unabhängigkeit und territorialen Unverletzlichkeit aller großen und kleinen Staaten.

(Quellenband II, S. 120 f.)

Nationen, eine Idee, die allerdings den Bestand Österreichs und der Türkei gefährdete, und seinen Vorschlag, einen Bund der Völker zu schaffen, der den Frieden und die territoriale Integrität aller Nationen sichern sollte.

In den Punkten 2, 3 und 12 sind auch wichtige Interessen der USA berücksichtigt: „Der unmittelbare Nutzen für die amerikanische Großmacht lag . . . in der Wiederherstellung des allgemeinen Weltfriedens, der allerdings zugleich die unabdingbare Voraussetzung für die Entfaltung der expandierenden Wirtschaft der USA und in gewisser Weise auch für die Fortsetzung ihrer – nicht zuletzt aus diesem Grunde betriebenen – weltmachtpolitischen Aktivitäten bildete." (Gregor Schöllgen, Das Zeitalter des Imperialismus, München 1986, S. 79).

Ergänzende Informationen:
Wilson sah in der Zustimmung der Regierten zu ihrer Regierung in einem demokratischen Staat die Voraussetzung für eine erfolgreiche Friedenspolitik. Folglich wurde die autokratische Struktur des Deutschen Reiches verändert und später der Kaiser, dem man in der öffentlichen Meinung die als sinnlos empfundene Verlängerung des Krieges anlastete, zur Abdankung gezwungen, um die berechtigten Forderungen der demokratischen Kräfte zu erfüllen, aber auch, weil man die Ausgangsposition Deutschlands bei Zustandekommen eines erträglichen Friedens unter Führung Wilsons verbessern wollte.

Unterrichtsschritt 6:
Gründe für die Niederlage Deutschlands

In einer Stillarbeitsphase (Partnerarbeit) beurteilen die Schüler mit Hilfe von Arbeitsblatt 12 sechs verschiedene Ansichten über die Gründe für den deutschen Zusammenbruch und versuchen die Zuordnung von Person und Meinung:

1d Artur Rosenberg, Entstehung der Deutschen Republik 1871–1918, Berlin 1928, neu hrsg. von Kurt Kersten unter dem Titel: Entstehung der Weimarer Republik, Frankfurt a.M. 1961, S. 206f.

2f A. v. Tirpitz, Der Aufbau der deutschen Weltmacht, Stuttgart und Berlin 1924, S. VIII

3a C. Duisberg, Abhandlungen, Vorträge und Reden aus den Jahren 1882–1921, Berlin, Leipzig 1923, S. 566f.

4b Hindenburgs Erklärung vor dem Parlamentarischen Untersuchungsausschuß des Deutschen Reichstags, 18. November 1919, zit. nach Michaelis-Schraepler, Ursachen und Folgen. Vom deutschen Zusammenbruch 1918 und 1945 bis zur staatlichen Neuordnung Deutschlands in der Gegenwart, Berlin 1960, Bd. IV, S. 7f.

5e A. Hitler, Mein Kampf, München 1933, S. 310

6c O. Ernst, Hermannsland. Ein Roman aus der Kindheit des Jahrhunderts, Leipzig 1921, S. 315f.

Anschließend lesen einige Schüler ihre stichwortartige Zusammenstellung der Faktoren vor, die ihnen für die Niederlage des Deutschen Reiches und seiner Verbündeten wesentlich erscheinen. Die Klasse diskutiert die vorgetragenen Gesichtspunkte, der Lehrer ergänzt und berichtigt gegebenenfalls. Das Ergebnis der gemeinsamen Überlegungen wird in einer Skizze festgehalten (s. Tafelbild).

Mögliche Erweiterung:
Der Film „Nationalismus, Imperialismus, Krieg“ (FWU 32 5750, 30 Min.) gibt einen Überblick über verschiedene zentrale Themen der Unterrichtseinheit.

Besprechungsvorschläge:
- Was haltet ihr von diesem Film? Was fiel euch auf?
- Wie beurteilt ihr den Kommentar?
- Welcher gesamteuropäischen politischen Bewegung wird eine Hauptschuld am Kriegsausbruch gegeben?
- Welche Funktion haben die beiden eingeblendeten Spielfilme von 1941?
- Stellt eine Verbindung zwischen den Bildsequenzen am Anfang und am Schluß her!
- Vergleicht die Ergebnisse unserer Unterrichtseinheit mit den Einsichten, die der Film vermitteln will.
- Erörtert die Definition des Imperialismus, von der der Film ausgeht!

Ergebnisse:
- Ein überlegt inszenierter Film, der von filmischen Gestaltungsmitteln (Aufhänger, Rückblende, effektvolle Konfrontation emotional gegensätzlicher Bildfolgen) geschickt Gebrauch macht;
- der (manchmal zu breite) Kommentar ist sachlich und fundiert;
- auf eine zentrale These wird besonders abgehoben: Das ursprünglich berechtigte Nationalgefühl, das (wodurch wird nicht ganz klar) im Lauf der Zeit zum aggressiven Nationalismus degenerierte, ist eine Hauptquelle des Imperialismus und folglich der Feindschaft zwischen den Nationen;
- „Dieses Streben nach weltweiter Macht und Geltung wird heute Imperialismus genannt“, so formuliert es der Kommentar. Die zu knappe Definition führte zu einer gewissen perspektivischen Einseitigkeit bei der Konzeption des Films: Die wirtschaftlich-technischen und sozialen Grundlagen des Imperialismus werden nur gestreift. Nicht erwähnt werden außerdem die verschiedenen Methoden imp. Herrschaft, der russische Imperialismus, der Panslawismus;
- die eingeblendeten Ausschnitte aus nationalsoz. Spielfilmen (Hans Albers als Dr. Peters – die Deutschen als joviale, tüchtige, patriarchalisch-fürsorgliche Kolonial-

herren in Afrika – Film über den Burenkrieg aus der gleichen Zeit – die tapferen Buren unterliegen den brutalen, skrupellosen Engländern –) zeigen u. a. wie gut sich Filme zur wirkungsvollen politischen Indoktrination eignen;

- der Unterrichtsfilm „Nationalismus, Imperialismus, Krieg“ will aufklären über die Voraussetzungen, Bedingungen und Entwicklungen, die zum Ersten Weltkrieg führten, und die – in abgewandelter Form – auch heute zu kriegerischen Auseinandersetzungen führen könnten;
- in diesem Sinn wirken die Bildsequenzen am Anfang (Gebeinhaus von Douaumont) und am Schluß (Explosionswolke einer Atombombe) als eindringliche optische Kommentare.